成大事必备的演讲之道

程霞◎编著

中国宇航出版社
·北京·

图书在版编目(CIP)数据

成大事必备的演讲之道 / 程霞编著. --北京 :
中国宇航出版社，2014.1
ISBN 978-7-5159-0506-8

Ⅰ. ①成… Ⅱ. ①程… Ⅲ. ①演讲—语言艺术 Ⅳ. ①H019

中国版本图书馆 CIP 数据核字(2013)第 250762 号

策划编辑　田方卿　　责任校对　方　妍
责任编辑　刘　唯　卢　珊　　装帧设计　文道思

出版发行　中国宇航出版社
社　址　北京市阜成路 8 号　　邮　编　100830
(010)68768548
网　址　www.caphbook.com
经　销　新华书店
发行部　(010)68371900　　(010)88530478(传真)
(010)68768541　　(010)68767294(传真)
零售店　读者服务部　　北京宇航文苑
(010)68371105　　(010)62529336
承　印　北京嘉恒彩色印刷有限公司
版　次　2014 年 1 月第 1 版　　2014 年 1 月第 1 次印刷
规　格　787×960　　开　本　1/16
印　张　14　　字　数　215 千字
书　号　ISBN 978-7-5159-0506-8
定　价　28.00 元

前言 Preface

学历不过高中，却在新东方教授英语，之后自己创业，成为英语培训界一匹黑马……

老罗英语培训创始人罗永浩身上的光环数不胜数。

是什么造就了他如此“彪悍”的人生？

罗永浩曾经很坦诚地说：“会演讲的人，成功的机会多两倍。”

演讲是一种威力无比的武器，运用它可以捍卫自己，取得竞争优势；演讲是一个重要的自我表达途径，通过它我们可以增强勇气，获得斗争的力量；演讲是一门巧妙运用语言逻辑的学问，更是一种机智幽默激励人心的艺术。一次成功的演讲，可以对人类文明的进程产生重大影响；一篇引人入胜的演讲词，能给人们带来感情的温暖和心灵的震撼。

成功离不开说服与鼓动。从古到今，世上大凡有卓越成就的人，无不是高明的演讲者。从拿破仑到亚历山大，从曼德拉到丘吉尔，从马云到白岩松……这些伟人、名家用语言和行动，向我们展示了演讲的美妙和魅力。

奥巴马当选总统前，曾在美国民主党全国代表大会上发表“基调演讲”，演讲的题目就是《大无畏的希望》。奥巴马充满激情地宣示：“不存在一个自由主义的美国和一个保守主义的美国，只有一个美利坚合众国。不存在黑人的美国和白人的美国，拉丁族裔的美国和亚洲人的美国，只有美利坚合众国。”

这次演讲使很多年轻的民主党人欣喜若狂，很多上了年纪的民主党人也为之热泪盈眶。正是这场演讲，让名不见经传的奥巴马声名鹊起。而他那“令政客妒嫉的嗓音”，加上其无穷的个人魅力，一流的调动现场气氛的能力，给他的演讲增添了某种直指人心的力量，每每使得群情激昂。

在演讲问题上，奥巴马也遭遇过挫折。几年前，奥巴马在民主党候选人提名战中，以一票之差败给了对手博比·拉什。奥巴马落败的主要原因，是他身上的教授气质和精英气息，这使得平民百姓对他有隔膜感。因此他决定从失败中学习，经常造访区内各个黑人教堂，学习黑人牧师讲话的节奏和夸赞的神态，观察对方的反应，不断改善自己的演讲效果。正是这种不懈的努力，才使他以卓越的演讲艺术折服了美国，折服了世界。

以撰写《文心雕龙》千古留名的南北朝文学家刘勰有一句著名的话："一人之辩，重于九鼎之宝；三寸之舌，强于百万之师。"

拥有好的演讲口才，就会成为一个受人欢迎的人。拥有好的演讲口才，能引人注意，鹤立鸡群，并且能获得超出才学之外的、意想不到的成绩；拥有好的演讲口才，能帮助人建立足够的自信，并通过有效的演讲来扩大自己的影响力；拥有好的演讲口才，能帮你打开一扇更为广阔的门窗，使你迈向更为辉煌的职业生涯。

演讲能改写历史，同样也能改变一个人的命运。

本书教你如何将言辞技巧、肢体语言和说服艺术融汇成催人奋进的完美演讲，并结合历史上有名的生动有趣的演讲稿，向你打开一扇神奇的演讲之门。在本书的编写过程中，得到了邱文莉、黄清泉等老师的鼎力协助，在此向他们衷心致谢。

一个人的力量有限，当你运用演讲的力量，你就可以影响与引领一群人，让更多的人接受你的愿景。

——你的力量，不可限量！

编者

2013 年 4 月

目录 Contents

第1章　大胆走上演讲台

万事开头难。每一位演讲者在最初走上演讲台的那一刻都难免会紧张。但是，如果被自己的恐惧吓倒，总是躲在讲台后面，那么将永远无法成为优秀的演讲者。本章将告诉你如何抛弃恐惧，勇敢地走上讲台。

第2章　做好扎实的准备工作

机遇总是站在有准备的人一方。一场言之有理，言之有序，言之有情的演讲，一定经历过演讲者充分的准备。那么，应如何为演讲做好准备，打好基础，让演讲顺利流畅，铿锵有力呢？本章将为你解惑。

第3章　一出口就精彩非凡

好的开始是成功的一半。一场好的演讲离不开一个好的开场白，出色的演讲总是在开篇便一鸣惊人，立即抓住听众的心。本章中援引大量实例，细述如何为你的演讲起个好头。

第4章 如何说服你的听众

一个演讲者只有说服了他的听众，他的演讲才称得上成功。空有大道理的演讲是不能让听众产生共鸣的，如何说服你的听众，使你的演讲给人留下深刻的印象，这里面可有很多文章可做。

第5章 强烈的感染力从何而来

强烈的感染力，是成为出色演讲家的必要条件之一。本章中主要介绍了使演讲充满感染力的技巧，以及如何利用语句的声音、强度、变化、速度，将你的感情融入到演讲中，展示给听众。

第6章　谈吐幽默，凸显亲和力

幽默是一种很好地表达自己的方式，是个人魅力、活力、能力、修养的标志之一。具有幽默感的演讲者，往往更能够抓住听众的心，受到更多的好评与欢迎。让我们来看看成功的演讲者是如何培养幽默感，并将其运用到演讲中的。

第7章　随机应变，得体控场

登台演讲不是照本宣科就足以胜任的行为，它需要大量的临场技巧。随机应变与临场技巧，也是作为一个成功的演讲者不可或缺的能力之一。

第8章　张口即来的即兴演讲

作为比演讲更上一层楼的本领，就是“即兴演讲”。它没有什么时间给你准备，你必须即时开讲。本章将告诉你，遇到这种情况时，你该讲什么，如何讲。

第9章　结尾也需巧思妙想

结局当如撞钟，清音有余。好的结尾能重新掀起演讲的高潮，极大地鼓舞听众，激起听众行动的愿望，使听众与演讲者产生强烈的共鸣，从而达到演讲的最终目的。本章将着重介绍如何给你的演讲做一个漂亮的结尾。

第10章　让肢体语言为你加分

在演讲中，一个无心的眼神，一个不经意的微笑，一个细微的小动作，就可能决定你演讲的成败。那些被我们忽略的微小的肢体语言，事实上有很大的魔力。

第11章　常见演讲即学即用

通过前面的介绍，我们对于演讲有了一个比较全面与系统的认识。本章将通过范例，来介绍一些常见的演讲。“聆听”这些优秀的演讲，研究他们演讲的成功之处，既是一种享受，也是一种学习。

第1章 大胆走上演讲台

万事开头难。每一位演讲者在最初走上演讲台的那一刻都难免会紧张。但是，如果被自己的恐惧吓倒，总是躲在讲台后面，那么将永远无法成为优秀的演讲者。本章将告诉你如何抛弃恐惧，勇敢地走上讲台。

有位演讲者说："只要在台上站着演讲，我就觉得紧张，不管准备有多充分，手和脚也要发抖，有时声音都颤抖了。我真想摆脱那样的我，但是试过很多次都不行。可是奇怪的是，只要我坐着演讲，就没有那么紧张了……"

事实上，在上台演讲前，有些紧张的情绪是在所难免的。但是，如果你被自己的恐惧吓倒，躲在讲台后面不敢上去，或者上去了却不敢张嘴，就不应该了。若想成为一名优秀的演讲者，就应该大胆地走向讲台，让大家听到你洪亮的声音。

1.以良好心态克服紧张情绪

爱默生说："恐惧较之世上任何事物更能击溃人类。"很多演讲者上台之后都会有一种紧张的情绪，有的人一张口就结巴；有的人上台都一分多钟了，还不知道要从哪里说起；还有的人在演讲前，紧张得难以入眠。

导演冯小刚也有紧张的时候。

2008年12月30日，冯小刚主动推掉到南方某城市为《非诚勿扰》做宣传的事情，给自己放了一天假。这是为什么呢？原来，12月30日是冯小刚的女儿冯思语举行18岁成人礼的日子，冯导一大早就起来，早早来到女儿所在的北京某中学，准备做一次演讲。

冯小刚曾离过一次婚，他与前妻张女士在20世纪90年代初生下一个女儿。冯小刚的出现，在学校引起了轰动。虽然冯导在媒体前有"小钢炮"之称，但面对这么多的师生，心里还是有点紧张。

演讲中，他说道：

按理说，我是不该紧张的。但是讲老实话，现在站在这儿，我还真有点儿紧张！怎么说，激动也好，欣喜也好，掺在一起，就变成紧张。还好只是一点小紧张，已经可以忽略不计了……

看来冯导演讲也会紧张啊。

不仅是导演，著名演员柳云龙也曾为演讲紧张过，为此他还吃了 8 片安眠片。

2008 年，凭借《暗算》大红大紫的柳云龙到暨南大学，以“每个人心中都有一个鬼”为主题，对近百位师生进行演讲。当时来到现场的“师奶”、“粉丝”远比学生多，甚至还有从北京赶过来的“粉丝”频频献花。

演讲开始后，一身休闲装打扮的柳云龙笑着说：“头一次对学生演讲，我紧张到吃了 8 片安眠药。如果讲错了，要怪安眠药……”

既然习惯了在公众面前抛头露面的明星们，在演讲时都会紧张不安，我们普通人在演讲时有紧张情绪，也就不足为怪了。

在公众场合，特别是在不怎么熟悉的场合，紧张的情绪就会油然而生。人们为什么会紧张呢？首先是对演讲的环境氛围不适应。其次就是对演讲的内容不熟悉，等到开始演讲的时候才临阵磨枪，说些不着边际的话。鲁迅曾说过，人们往往在要演讲的时候，才想起没时间准备，却在有时间准备的时候没有去演讲。再次，是对自己不够自信。不自信很可能来自于过去某次讲话失败的阴影，或者来自于自卑感等。第四是对听众过分在乎。这样的人很在乎面子，在乎别人对自己的看法，在乎自己的形象，结果在演讲中显得十分拘谨，台下有一点风吹草动，就容易陷入尴尬和僵局。

要想克服演讲中的紧张情绪，你必须培养以下几种心态。

1.“居高临下”的心态

有句诗这样写道：“欲穷千里目，更上一层楼。”说的意思是“站得高才能看得远”。从演讲的角度看，如果你有了居高临下的心态，就会产生一种优越感。有了这种优越感，在演讲过程中就会消除紧张心理。

一般说来，父母在子女面前，老师在学生面前，领导在部属面前，都能够挥洒自如，侃侃而谈，这是因为前者“站”的位置较高，不是平视，更不是仰视，而是俯视，便可以自觉不自觉地把自己放在主导者的位置上。

对于初学演讲的人，要克服紧张情绪，就得逐步养成这种“居高临下”的心态。在这个问题上不妨学学阿 Q，来个“精神胜利法”。

正如卡耐基指出的那样：“你要假设听众都欠你的钱，正要求你宽限几天；你是个神气的债主，根本不用怕他们。”

2.“心中无我”的心态

培养自己的“无我之境”，对克服紧张心理大有益处。

"无我之境"就是不要把自己太当回事，要心中无我。说得更具体一点，就是克服怕出丑的心态。

怕丢面子是人类共有的心态，中国人尤甚。在演讲中，把面子看得太重，往往面子丢得更大。在演讲之初，不妨开一开自己的玩笑，自我解嘲一下。

3. 淡化效果的心态

很多人都希望把事情做得完美一些，他们在演讲中过分看重演讲效果如何，但结果却常常与期望值相反。

一次，某校两个班级间进行一场辩论赛，其中实力略强一点的班级 4 名学生，在大家的呼声中，心理压力很大，有名学生还在赛前不断问老师评判的标准有哪些，自己能否成为最佳辩手。由于他们过于看重比赛的结果，紧张程度也会随之增加，甚至出现各自为战、只顾表现自我的情况。有的同学还因过分紧张而出现大脑思维断层的现象，使辩论出现中断。

另一个班级的 4 名学生没有过多地考虑结果，而是保持良好的心态，轻装上阵。结果由于这 4 名学生淡化辩论的结果，彼此积极配合，最终获得了胜利。

看来，如果演讲者能淡化效果，他的紧张情绪就不会那么强烈。

2.不怕出丑，你才有胆量登台

一个人不敢上台演讲，不是他不具备演讲的能力，其中很大的一个原因是他担心自己讲不好，会被人笑话，担心出丑，这些担心最终成为他不能上台的“元凶”。

萧伯纳不仅是英国杰出的戏剧家，也是一位出色的演讲家。有趣的是，他学演讲的过程也颇具“戏剧性”：他曾经是一个不敢登台的“胆小鬼”。

年轻时，萧伯纳还是一个不爱讲话的人。20岁那年，他来到大城市伦敦寻找发展的机会。

初来乍到，萧伯纳胆子非常小，总是放不开自己，害怕在别人面前出丑。一次，别人请他去作客，他在河堤上走来走去，足足磨蹭了半个小时，才壮起胆子走到主人家门前。到了门前，他还是情绪慌乱，不敢去敲人家的门。他心里想：“如果在他们家出丑该怎么办啊！”

还有一次，朋友邀请萧伯纳去参加一个学术辩论会。轮到他发言时，他小心翼翼地站起来，结结巴巴地不知所云，因此受到别人的讥笑，有人甚至说他是傻瓜。这些话伤了他的自尊，他觉得自己就像一个小丑一样。

对于年轻时的胆小和恐惧，后来萧伯纳坦然承认：“很少有人像我这样，因为怕出丑而痛苦，或者感到极度羞耻的。”

当萧伯纳意识到自己怕出丑，不敢大胆讲话这个缺点后，就发愤练习演讲，决心要把自己的缺点变成优点。他联想到自己初学溜冰时也很恐惧，但后来终于在一次次狼狈不堪的摔倒中，逐渐熟练掌握了溜冰的技巧。他认为，不怕出丑，就会有进步。同样的道理，如果怕出丑，自己就很难真正学会演讲。萧伯纳为自己制定了一个训练计划，决心克服恐惧心理，以学溜冰的方法练习演讲。

有了计划以后，萧伯纳不放过任何一个开口说话的机会。他不怕出丑了，也不怕别人嘲笑。正因为这样，胆怯才会渐渐地远离萧伯纳，否则，萧伯纳永远都只是个胆小鬼。

他先是勇敢地报名加入伦敦的一个辩论学会，每星期都坚持当众演讲。刚开始，别人都把他当成一个“小丑”，取笑他，甚至轰他下台，但他始终坚持演讲完毕再下台。他一次又一次地向自己挑战，内心里总是一遍遍地高喊：“我不怕出丑！我不怕出丑！”

经过磨练，萧伯纳的胆子变大了，演讲的信心也足了。萧伯纳从中尝到了甜头，他开始寻找更多的锻炼机会。每逢有公众讨论的聚会，不管是在教堂、学校，还是在公园、码头、市场；不管是在拥挤嘈杂的大厅，还是在人流穿梭的大街上，萧伯纳都积极参加。他还全身心地投入到社会运动中，到全国各地去演讲。有人曾做过统计，在此后12年中，他的演讲次数到达了1000多次，几乎整个英国都出现过他的身影。

萧伯纳成功了，他虽饱尝了怯懦、恐惧的煎熬，以及别人讥笑的折磨，却始终未曾退缩，而是以强大的毅力坚持下来。就这样，他从一个胆小怯懦的青年，变成了19世纪最出色的一名演讲家。

有人曾问萧伯纳：“你是怎样学会不动声色地当众演讲的？”他笑着说：“我固执地、一个劲儿地让自己出丑，直到娴熟为止！”

萧伯纳不怕出丑学演讲的故事，给我们留下了深刻的启示。生活中有很多人不敢当众演讲，一开口就语无伦次，其实这都是一种心理在作怪——生怕出丑，丢面子。勇敢是演讲的前提，自信是成功的秘诀。我们应从萧伯纳的成功中吸取经验，不怕挫折，不懈进取，在追求卓越表达能力的道路上，由渺小变得伟大，由平庸化为神奇。

各位读者一定要敢于突破自己，不怕出丑，抓住生活中能够得到的机会锻炼自己，以便早日让自己滔滔不绝地面对大众。

3.我是最棒的，也是最优秀的

心理学上有一个著名的实验：专家在接受实验者的皮肤上贴一片湿纸，并告诉他这是一种有特殊功能的纸，它能使皮肤局部发热，要求被贴的人用心感受那块皮肤的温度变化。几十分钟过后，将纸取下，这时被贴的皮肤果然发红，并且摸上去感到发热。其实，那只是一张普通的湿纸，只不过是心理暗示使皮肤局部的温度发生了变化。

由此看来，暗示的力量是巨大的。在演讲中，我们要善于发挥暗示的力量，一定要给自己积极的心理暗示。英国作家萨克雷说："生活是一面镜子，你对它笑，它就对你笑；你对它哭，它也对你哭。"

太阳每天都是新的。当早晨的第一缕阳光亲吻你的脸颊时，你对自己说的第一句话应该是："今天我是最棒的，我是最优秀的……"说完之后，你会感到自己信心倍增，无所畏惧，心情舒畅，浑身有使不完的劲儿！

玛丽是一个从小就患脑性瘫痪的女孩儿。她形象不佳，没有肢体平衡感，缺乏发声能力，基本不会说话。由于长期疾病困扰，玛丽的举止也十分怪异：她有时会挥舞她的双手；有时会扬着头，脖子伸得很长很长，与她尖尖的下巴连成一条直线……

这样的女孩，大家都认为她一定很自卑。但谁能想到，在这种情况下，她依然保持着一颗自信的心。玛丽时常进行自我心理暗示，告诉自己一点儿都不比别人差，自己是最优秀的。经过努力，她后来获得了美国加州大学艺术系博士学位。

有一次，有一位学生小声问她："请问玛丽博士，你从小就长成这个样子，你怎么看自己？你没有埋怨过吗？"

听后，玛丽用粉笔在黑板上轻快地写下了这样几个字：我怎么看自己？然后停下来，歪着头，回头看了看那位发问的同学，然后轻轻一笑，回过头来，在黑板上龙飞凤舞地写下了以下内容。

1. 我好可爱！

2. 我的腿长得很美！

3. 爸爸妈妈这么爱我！

4. 我会画画，会写稿。

5. 我有只可爱的小猫。

6. 上帝这么爱我！

7. 还有……

教师里一片寂静，空气仿佛凝结了一般，再没有人讲话。她坚定地看着大家，最后在黑板上写下了她的结论：我很优秀，我是最棒的！

掌声立刻响起，玛丽倾斜身子站在讲台上，满足地微笑着，脸上呈现出一种永远不会被命运击倒的自信！

现代心理学实验表明，学习、工作、做事过程中，通过自我鼓励、自我暗示，即使这种动机是有意识做出来的，也能取得良好的效果。

演讲者在走上讲台之前，该做的已经都做了，想得再多也没有用。惟有自信，才能缓解你的紧张情绪，轻松上阵，有利于在台上的发挥；惟有自信，才能使你信心十足，精神饱满地登上讲台。

那些害怕演讲的人，请每天用积极的心理暗示改造自己的生活态度吧！你要远离那些消极悲观的情绪，每天给自己一个积极的暗示：“我是最棒的，我是最优秀的！”

4.不要太在意别人的看法

登台演讲时，演讲者的形象很重要，但过分在乎形象就是虚荣。为了能在台上有良好的表现，有的人在台下总是问这个问那个，还会打听反对者的意见和看法，却忽略了自己的形象标准。别人对你的看法总是有水分的：有的人总是挑好的说，如果以此为据，你可能会高估自己，自我感觉良好；也有人专挑坏的讲，故意贬低你。所以，在听取别人意见之前，首先要有一个正确的自我评价，并以此为基准。

我们看下面这个故事。

美国著名女演员索尼亚·斯米茨小时候在一个农场里生活。在农场附近一个小学里读书时，有一天回家后，她就伤心地哭了。父亲关切地询问时，她断断续续地说："我们班里一个女生说我长得很丑，还说我跑步的姿势很难看。"

父亲听完她的哭诉后，没有安慰她，只是微笑地看着她。忽然父亲说："我能够得着咱们家的天花板。"

当时的索尼亚听到父亲的话，觉得非常奇怪。她不知道父亲想要表达什么意思，就问："你说什么？"

父亲又重复了一遍："我能够得着咱们家的天花板。"

索尼亚完全停止了哭泣，她仰着头看了看天花板。将近4米高的天花板，父亲能够得着？！尽管她当时还小，但她不相信父亲的话。

父亲看她一脸不相信的表情，就得意地对她说："你不信吧？那么你也别相信那个女孩子的话，因为有些人说的并不是事实。"

就这样，索尼亚明白了：不能太在意别人说什么，只要自己不否定自己就行。

看了这个故事，你应该明白，太在乎别人对你的看法，你就不能做真正的自己。如果什么事都想着别人怎么看，你怎么能表现出真实的自己呢？有时候，我们没必要在意别人的看法，每个人都会有各自不同的观点，自己认为正确才是最主要的。

生活中，很多人都活在别人的眼光中，活在别人的价值观里。上课回答问题的时候紧张，生怕回答错了，遭到同学的嘲笑；走上工作岗位，又要尽可能使自己在同事的心目中是完美的，在老板的眼中是优秀的。

人们常常高估了自己在别人心目中的地位，努力想去塑造一个完美的形象。其实不必过分在乎别人对你的看法，否则只能使你寸步难行。你要记住，做好你自己就足够了！

如果一个企业家太在乎工人的看法，就难以成为强有力的管理者。在发奖金的时候，他会首先考虑副经理会怎么想，科长会怎么议论自己，老工人会不会认为我不照顾他们，还有门卫会不会认为自己不体贴他……不调整十几遍，奖金是发不下去的。

一个歌手，如果上台之前总想着如何才能展现出最好的形象，一身衣服换上十来次，最后还是带着疑虑上场，上场后发现掌声并没有那么热烈，心里就万分失落，这样的歌手肯定是唱不好的，也不会受到的大家的欢迎。

同样，如果一个演讲者太在乎个人形象，就很难在台上展现真实的自己，时间长了，就会养成犹豫不决的性格。

太在乎别人的看法，再快乐的事情也会变得不快乐。所以，不要为了别人的看法而改变自己的演讲方式，不要为了别人的评论而让自己盲目服从。走自己的路，在讲台上展现真实的自己吧！

5.穿戴得体让你信心满满

太在乎个人形象是不必要的，但演讲毕竟是一门艺术，除了演讲内容要精彩外，演讲者还应该在着装、佩饰方面下一些功夫。人们常说，“三分靠长相，七分靠打扮”，“人靠衣装，佛靠金装”。这些说法都说明了着装的重要性。在演讲过程中，学会巧妙地包装自己，把自己最光彩、最亮丽的一面展现给大家，就能给演讲锦上添花，同时你也会变得自信起来。

当然，并不是穿最昂贵的衣服，戴最名贵的首饰就是魅力，这是片面的想法。在演讲中，只有穿戴得体，你才可以魅力四射。如果演讲者太不在意打扮，蓬头垢面，肮脏邋遢，听众就会对你的演讲失去兴趣，甚至看到你就心烦。相反，如果装束过于艳丽，过于时髦，花哨俗气，哗众取宠，甚至不顾年龄、性格特征，一味追求过分的“美化”，这样也会令听众感到厌烦。

对于那些想登台演讲的人，到底应该如何着装呢？

1. 注意服装款式

不同的演讲者有不同的风采，但无论是谁，演讲前均要进行一番打扮。打扮切忌效仿别人，要根据自己的身材、年龄、职业、风韵、涵养以及演讲主题等，选择合适的款式，努力做到得体、大方、匀称、和谐、新颖、独特。演讲者要善于通过服装掩盖身体外形上的缺陷，展示自己的内在美。演讲者的着装不在于华贵，而在于得体。

对于不同体型的人，我们的建议如下。

A. 矮胖型：总的原则是低领、宽松、深色、轻软。注意上下身衣服颜色连同鞋袜要同色。女士应避免穿下摆印花的裙子，上衣或外套要短一些。穿斯文的高跟鞋与略带深色的丝袜，可以使两腿显得修长。要避免上身与下身的衣服颜色反差太大。冬天可以根据演讲内容，选佩小型围巾，颜色应鲜艳些。裙子不宜太长，质地要柔软轻盈。上衣以 V 形领口为佳，袖口宜小。男士适合穿西裤，以便给人以优雅、严谨和富态之感。

B. 矮小瘦削型：不能穿太宽大和大格子的上衣，可选穿浅灰色、浅黄、褐色等有膨胀感颜色的衣服。穿直筒型裤子，可以遮盖略高的鞋跟。

C. 高长瘦削型：宜穿带有衬肩或大披领的宽松上衣，这种类型的男士穿夹克很合适。要选择有膨胀感的色调，可穿带有细格条纹和大方格的上衣，裤子不宜过于肥大。女士不要穿窄腰或领口很深的连衣裙，面料图案不宜选直线条的。胸部瘦小者，不要穿紧身服装。

D. 特型人群：主要指与一般人有较大差异的体型。比如驼背者，应避免过分渲染背部线条，最好不要在服装背后开口，可用大领子起遮掩作用；臀部外翘者，男士要少在裤外束腰带，女士不要穿紧身裤，应穿喇叭裤；臀部过于肥大者，宜穿浅色上衣，深色裤子或裙子，以达到上下和谐的目的；臀部过小者，要选用宽松的裤子和裙子，不要穿紧身衣裤。

总的来说，男士演讲最好穿西装，女士较为自由，但无论如何都要庄重一些。男士也可选穿单件西装上衣，西装一定要裁剪合体，面料要精良，粗劣的西装会损害演讲者的风度。深色西装要搭配白衬衣、黑皮鞋与黑袜子；带条纹的西装不要配方格衬衣，带方格的西装也不要配条纹衬衣；庄重的西装要配真丝或人造丝领带，带碎花的西装配各种领带都合适。

2. 注意服装的颜色

不同的色彩能引起人们不同的联想，产生不同的心理感受。演讲中，演讲者要考虑到演讲的内容，演讲的环境，演讲的受众等诸多因素，据此进行衣着、饰物方面的颜色搭配。

不同颜色表达出不同的含义：白色是纯真、洁净的象征，也能给人以恐惧、神圣的感觉；黑色是严肃、庄重的象征，也能给人以文雅、悲哀的感觉；紫色是高贵、威严的象征，也能给人以神秘、轻佻的感觉；绿色是青春、生命的象征，也能给人以恬静、新鲜的感觉；红色是热情、喜庆的象征，也能给人以焦躁、危险的感觉；蓝色是智慧、宁静的象征，也能给人以寒冷、冷淡的感觉。

衣服的颜色不能太单调，要有一定的颜色搭配。配色一般不超过三个，并按不同比例搭配。演讲者衣物配色要考虑到演讲场地的灯光颜色，因为在灯光照射下，所有的颜色都会带上若干黄色色调，使原配色加深。所以，如果演讲是在晚间或舞台灯光下进行，选择衣物时最好在灯光下配色。

3. 服装要与听众的着装协调

演讲者的服装款式与色彩，一定要与广大听众的着装风格相协调。如果过于华丽时髦，就会分散听众注意力，破坏演讲气氛。

比如，你穿的衣服太奢侈华美了，听众脑海里就会产生一层阔少或贵夫人的误会，讲好了没有关系，若是讲得不好，有的听众也许会这样讥笑你。如果演讲时服装过于随便，也是不合适的，一是显得对听众不尊重，不礼貌；二是听众肯定会对演讲者产生一种不可靠的感觉。

4. 服装要与演讲者身份相协调

服装对人体有扬美与遮丑的功能，它可以反映人的精神风貌、品位修养和审美观念。演讲者的衣着应该典雅美观、整洁合身、庄重大方、色彩和谐、轻便协调。具体而言，要求做到外观整齐、干净、美观，风格高雅、稳健，感觉良好，行动方便，与自己的性别、年龄、职业等协调，能充分体现出自己的特点与神韵。

比如，在校学生就不宜在演讲时身着高档的名牌服装；上了年纪的人演讲，服装就应该庄重典雅，不能给人花枝招展、花里胡俏的感觉。男性演讲时，服装不能过于随便和随意；女性演讲时，不宜穿戴得珠光宝气，切忌着装暴露，否则会引来批评之声，影响演讲效果。

6.海伦·凯勒的演讲经历

生活中，有多少演讲者能信心十足地走向讲台呢？随着演讲日期的临近，有些演讲者常常会忐忑不安：我是否已经准备充分？听众会喜欢我的演讲吗？我会不会一上台就把演讲的内容忘得一干二净？

事实上，即便是一个成功的演说家，最初开始演讲时，也免不了会有一些紧张情绪，有时候也会在后台踌躇不定。可是，当你大着胆子走向讲台后，一切就会变得自然。

海伦·凯勒是《假如给我三天光明》的作者。她幼时患病，两耳失聪，双目失明。

在刚学会说话时，她对演讲还缺乏足够的信心，每次演讲都紧张万分。不过，每当她费力演讲时，总有来自各个阶层的人，有老人，有小孩，有富翁，也有穷人，还有盲、聋、哑等种种身体有残疾的人到场。知道那么多人在看着自己，海伦就开展始大胆地站在台上演讲。

但令海伦着急的是，虽然有了一段时期巡回演讲的经验，可她在演讲技巧上并没有出彩的地方。她的发音不够准确，以致有时听众们不晓得她在讲些什么。有时，说着说着，喉咙里就会冒出怪声。

她一再努力改善，但始终无法发出清脆悦耳的声音来。每当她想强调某句话时，她的喉咙就和自己作对，舌头也变得不灵活了，几乎发不出声音来。这时，她又紧张又着急，手心里冒出冷汗。

在这种情形下，她总会想到自己的演讲是多么糟，而且相信只要现场有一点声响，她的声音就会被完全掩盖，她因此感到非常不自在。当她听到场内有椅子移动，或场外有车子驶过的声音时，就会情不自禁地急躁起来。不过，令她感动的是：听众们总是非常耐心地从头听到尾。每当她讲完以后，不论听懂多少，听众总是报以最热烈的掌声，有些人还特地上前来鼓励她。

有了大家的鼓励和支持，海伦在演讲的舞台上更加自信和勇敢。时间长了，她不再焦虑，她的脸上时常挂着微笑，仿佛在告诉大家：我也可以成为优秀的演讲家。

一个初学演讲的人，必须大着胆子走到台前，只有这样才能树立自信心，才能把自己的演讲进行下去。

下面几点建议，可以帮助你大胆走上演讲台。

1. 上台前做个深呼吸

深深吸一口气，也许能壮壮胆，驱散你的紧张情绪。有一个演讲家说："当你吸足了氧气，剧烈跳动的心就能平静些，那些恐惧就会烟消云散。"

2. 肌力均衡运动

上台前要让身体某一部分肌肉有规律地紧张和放松。比如你可以先握紧拳头，然后松开；你也可以固定脚掌，作压腿，然后放松。肌力均衡运动不仅能更好地放松你的肌肉，也能很好地放松你的心情。

3. 转移注意力

上台前要积极听取主办人和听众的意见，这样你可以暂时转移注意力，更好地放松身体和思想。

4. 带着微笑上台

当你带着微笑上台的时候，你就可以把恐惧掩藏起来，让别人无法察觉。同时，你的微笑会向听众传递你的自信，让他们对你的演讲充满期待。

总之，不要害怕登台，你应该大胆站起来，以矫健的步伐走向讲台。

7.大声点，像李阳一样疯狂

李阳是疯狂英语创始人，全球著名的英语口语教育专家。他学习英语的成功案例和人生成功学，给中国一代英语学习者带来了深远的影响。

20多年来，他被邀请到200多个城市传授英语学习方法，全国3000多万人听过他的精彩演讲，学生遍布大江南北。他还应邀前往日本、韩国、美国讲学，传授疯狂英语和疯狂汉语，缔造了全球著名的语言教育品牌。但谁能想到，小时候的李阳却从来不敢登台讲话。

小时候，李阳性格内向，不爱讲话。如果家里来了客人，他就会躲得远远的；如果家里的电话响了，他也不敢接，而是去喊爸爸妈妈……

除了上面那些，他害怕的事情还有好多呢！比如，他不敢去看电影，不敢跟同学交流。一次，妈妈领他去医院治疗鼻炎，治疗仪突然漏电，灼伤了李阳的脸，可李阳只会忍着疼痛，不敢像别的孩子一样喊出来。

还有一次，妈妈让李阳到街上买酱油，这对李阳来说可是一次挑战。他站在小卖铺的柜台前，犹豫了好久，才胆怯地说："阿姨，我要买酱油。"

就这样，李阳上了新疆实验中学。中学时，李阳的学习成绩很不理想，曾对学习失去信心，有几次都想退学。但他终于坚持了下来，1986年勉强考入兰州大学工程力学系。

进入大学生后，他的情况并没有什么太大的变化。在大学第一学期的期末考试中，李阳的学习成绩全班倒数第一名，英语连续两个学期考试不及格。到大学二年级上学期即将结束的时候，李阳已经有13门功课不及格了。

面对这样的学习成绩，李阳很苦恼，他发誓说："不能再这样下去了，要赶上去，从灰色的生活中突围！"

经过深思熟虑，李阳决定先以英语为突破口，拼命改变一次。当时，中国大地正在兴起一股学习英语的热潮，李阳意识到，英语将是未来社会不可缺少的语言工具，这更加坚定了他学好英语的决心。他发誓，这次一定要通过四个月后举行的国家英语四级考试。

李阳怕自己坚持不下来，就找到了班里英语学习最好的同学帮助自己。这个同学是一个学习非常刻苦的学生，李阳认为，通过互相督促，就可以把英语学好。可坚持了三天后，他又不想学了。

那个同学对他说："李阳，你要记住你三天前说的话！"对呀，三天前还发誓要考过四级呢！同学的告诫让李阳开始反思。从此以后，两个人每天中午一起去兰州大学的烈士亭，顶着凛冽的寒风，扯着嗓子喊英语句子。

李阳发现，大声朗读时精神会变得特别集中。十几天后，当他来到英语角，用英语与其他同学们谈话时，他们都惊奇地说："李阳，你的英语听起来好多了。"

听到这句话，他似乎从睡梦中惊醒过来，兴奋地说："对呀，这种'大喊大叫'，也许正是学习英语的一种好办法！"就这样，李阳正式开始了这种"大喊大叫"式的英语学习。

在之后的大学时光里，李阳复述了10多本英文原版书，背熟了大量四级考题。每天，他的口袋里总装满了抄着各种英语句子的纸条，有空就掏出来念叨，不管在宿舍还是教室。就连在食堂，他的嘴都一直讲个不停。

经常"大喊大叫"，他的舌头就灵活了，听力好多了，反应力也提高了。在当年举行的英语四级考试中，李阳只用50分钟就答完了试卷，成绩竟然是全校第二名！一个考试总不及格的学生，突然变成了一个英语高手，这实在太神奇了！

李阳通过英语四级考试的消息，很快就轰动了整个兰州大学。

李阳尝到了成功的喜悦，他的生活也随之发生了改变。他发现，在大喊的时候，自己的性格发生了变化，内向、自卑、害羞等弱点，都在大喊的过程中消失得无影无踪，而且大喊让他精力更加集中，记忆更加深刻！

李阳觉得，既然"大喊大叫"这种学习英语的好方法在自己身上取得了成功，就应该将它系统地总结一下，传授给那些还在学习英语中苦苦挣扎的同学。于是，从前内向的他做出了一个惊人的决定——开英语讲座。他请同学贴出海报说：有一个叫李阳的家伙，在学习英语方面有些体会，希望与大家一起分享。

海报贴出后，李阳又害怕了。他怕什么呢？他想，要是没有人来听自己演讲怎么办？自己讲得不好该怎么办？此时他很想打退堂鼓，甚至想在黑板上写一个通知："李阳病了，演讲取消。"

在演讲开始前的一两个小时里，李阳还在宿舍里犹豫不决，但同学们的鼓励，让他无法再退缩了。在大家的注视下，李阳走上讲台，因为实在太紧张，差点绊了一跤。

就这样，李阳羞涩地站到讲台上，开始了他人生中的第一次演讲。他虽然讲得有些紧张，但由于理论很新颖，得到了同学们热烈的掌声。

10 年后，李阳曾这样回忆当时的情景："当时我前言不搭后语，根本没有什么演讲技巧。但我的观点很特别，方法很有效，就掩盖了演讲技巧和经验的不足。"

虽然不善于演讲，但他能大声讲出来，这让李阳找到了挑战困难的勇气。讲演结束后，很多同学都给予他最热烈的掌声，有的人还找他签名呢！

1990 年 7 月，李阳从兰州大学毕业，被分配到西安的西北电子设备研究所。从宿舍到办公室，有一段黄土飞扬的马路，李阳每天都从这条马路经过，手里拿着卡片，嘴里念着英语。同时，他还每天坚持跑到单位的九楼顶上喊英语。那样子真是太认真了，人们见了都认为他是一个疯子，可却有人愿意同他一起"疯"。

可以这样说，李阳是站着也喊，躺着也喊，坐着也喊，跳着也喊……就是在这样坚持不懈的大喊中，他喊出了自信，喊出了成功。

演讲也是这样，只有你不怕当众丢脸，敢于大声讲，你就会从害怕开口到不怕开口，从不会讲到会讲，从讲不好到讲得很好，直至最终取得演讲成功，获得无数掌声与喝彩。

第2章
做好扎实的准备工作

机遇总是站在有准备的人一方。一场言之有理，言之有序，言之有情的演讲，一定经历过演讲者充分的准备。那么，应如何为演讲做好准备，打好基础，让演讲顺利流畅，铿锵有力呢？本章将为你解惑。

机遇总是站在有准备的人一方。正如建筑工须有蓝图才能够顺利建筑大厦一样，要想完美地展示自己的口才，收获一次成功的演讲，事先必须要有充足的准备。准备充分，你才能理直气壮地站在台上侃侃而谈，并且做到言之有物，言之有序，言之有情，能更好地表情达意，能更清晰地明是非、传信息，鼓舞人、教育人。

“兵马未动，粮草先行。”准备工作在战争中具有十分重要的作用。演讲如战争，同样也需要做好准备工作。

1.准备充足，信心百倍

在你做一件事情之前，如果早有准备，是不是会更自信？如果没有准备就去做，是不是会有些忐忑？

演讲是一种社交活动，不是简单的聊天和交谈。演讲者需要在公众场所，面对几个、几十个、上百个或成千上万人侃侃而谈，要能准确流畅地表情达意，明是非、传信息，要能鼓舞人、教育人，这不是随便什么人不做准备就信手拈来的事情。任何一位成功的演讲者，都十分重视演讲前的准备工作，可以说演讲前准备得越充分，那么演讲获得成功的希望就越大。

一次成功的演讲，总是来自严肃、认真而刻苦的准备。

美国总统林肯曾被美国负责葛底斯堡公墓的委员会邀请致辞，林肯为此准备了两个星期。

他首先借来同时要做献辞演讲的全国享有盛名的学者、演讲家爱德华·埃弗雷特的原稿，反复思考，甚至照相时都在思考。然后，他抓紧时间思索自己的演讲，甚至在办公室里等待最近战役的报告时，他都在思索。林肯还随身携带演讲稿，稍有空闲便思索、推敲。致辞前夜，他已修改过两三遍了，但他还在继续修改，并请秘书提意见。第二天吃过早饭后，他在去公墓参加典礼的路上，对演讲的内容又做了最后的修改。

经过认真、细致的准备后，林肯的演讲感情真挚，内容集中，文辞朴实，感动了在场的每一位听众，这次演讲大获成功。

有了充足准备的演讲，大多都能赢得满堂喝彩。反之，那些没有经过认真准备，言辞空泛的演讲，就只能落个失败的下场。

2008 年汶川大地震之后，都江堰某私立学校老师范美忠，因为一篇博文陷入舆论批判的中心。这位一度被网友讥讽为“范跑跑”的老师，在地震来临的瞬间独自跑出教室。此后他发表文章，认为自己这样做是正确的。

平心而论，在巨大的、从未经历过的自然灾害面前，任何人都难免惊慌失措。但他后来没有丝毫反省与愧疚的文字，还是让无数网民愤怒，于是各种谴责与辱骂纷纷飞向范美忠。

不久之后，凤凰卫视邀请当事人范美忠、谴责者郭松民（知名时评作者）等人参加了一虎一席谈。在这种人人喊打、舆论一边倒的情境之下，这场类似于演讲式的辩论，居然以郭松民完败告终。

辩论过后，舆论 180 度大转弯，支持范美忠的人占了上风，郭松民也因此不得不戴上“郭跳跳”的帽子。

郭松民辩论失败，原因有很多，比如过于强硬，言辞空泛，举止失当等。不过，我们仔细分析就会发现，一切失败的原因其实都来自于事前准备不足。郭松民事后坦承，自己认为可以毫无悬念地完胜（舆论几乎一边倒地反对范），忽视了事前的准备工作。我们看范的言辞，在辩论过程中，他条理清晰，旁征博引、不急不躁，显然范的准备非常充足。

演讲毕竟是公开在观众面前的一场演说，所以切不可轻忽怠慢，忽视演讲前的准备工作。人际沟通大师卡耐基在自己的书中这么说：“一个有备而来的演说者，才能获得自信和成功。这就像一个人上战场一样，带着有故障的武器，并且身无弹药，你拿什么去战胜敌人呢？林肯总统也曾说过：‘我相信，我若是没有准备好，就是经验再多，年龄再老，我也难以让演讲取得成功。’”

卡耐基的话说得太深刻了。要进行成功的演讲，就必须有充足的准备。未经准备即出现在听众面前，和没穿衣服一样没什么差别。

准备充足的演讲，一般包含如下四个步骤。

1. 先打腹稿

得知要演讲后，首先弄清楚演讲场合有什么特点，自己以什么身份演讲，组织者对演讲有什么要求，现场观众是哪些人等。然后经过充分酝酿，反复思考，在心里草拟腹稿，形成一篇演讲辞。

英国首相丘吉尔在谈到演讲时说："如果讲半天，我不需要准备；如果要讲一小时，要准备一天；如果要讲一分钟，则要准备七天。"在丘吉尔看来，只有经过充分考虑，精心准备，才有可能使演讲思路清晰，重点突出，耐人寻味。

2. 写出稿子

想好了之后，动笔把演讲稿写出来，这一过程对于一个初学演讲的人来讲是必不可少的。演讲者对内容只有个大体的思路，至于思想表达是否清晰，遣词造句是否规范，上下衔接是否符合逻辑，前后排列是否精当等，只有通过书面语言才能检验出来。写演讲稿，是对腹稿的深刻化和明朗化，惟有如此，演讲者对内容才能有更深入的把握和理解。更关键的是，写演讲稿时写的是自己心里话，自己印象很深，基本上能熟记在心，这样才算为现场演讲做好了充分准备。

3. 寻找不足

在演讲前，你可以这样问自己：是不是太长？是不是太短？要点是不是很清楚？论证材料是不是很明确，很有说服力，很有趣？开场白和结论部分是不是安排得很好？在提问中如果发现问题，应及时修改。

4. 多加练习

实际练习最容易发现问题，也可以使你感觉自信。但只是进行一次练习，不管练习多长时间，都是不够的。至少要让自己提前几天练习，提前的时间越长越好，多练习几次，能让自己对演讲内容和演讲的表达方式有绝对的把握。

2.确立一个合适的主题

主题是演讲的灵魂，贯穿于整篇演讲之中。只有主题明确了，你才能在接下来的时间里搜集相关材料，安排结构，拟定讲稿。

当我们准备作一次演讲之前，首先要思考我们讲些什么，要告诉听众些什么，要传达给听众些什么，把期望传达给听众的中心意思确立下来，演讲的主题也就形成了。

确立演讲主题大体需要考虑以下几种情况。

1. 在生活背景中酝酿主题

人生在世，谁也脱离不了社会这个大环境。我们周围每天都有许许多多的新事物出现，有时候，那些从你生活环境和人生经验中发掘出来的内容，也就是给你留下印象最深、意义最深刻的经历，都可以成为最合适的主题。

在演讲中，个人体验比理论更重要。当自己的演讲内容都是自己最熟悉、最了解、最清楚的事物时，你的演讲必然生动、激昂、有说服力，同时也富有吸引力。

作为听众来说，最关心的也无非是和其生活密切相关的现实问题。听众最乐于倾听的内容，往往是个人的生活经验以及富于个性的见解，这样的内容产生的反响也更为强烈。

2. 根据已定范围确立主题

除了即兴演讲以外，任何一场演讲都是根据特定对象所作的演讲。演讲者需要依据给出的主题范围，大量查阅资料，并结合自己的亲身感受，最后确定演讲的主题。

比如，在网上爆红的根叔针对2011届毕业生所做的关于《未来》的演讲，因为面向的特定人群是即将走出校门的大学生，因此演讲主题便是希望他们能在未来的搏击中越来越好。

有个年轻人想作两分钟演讲，却定了个《公元前500年的雅典至朝鲜战争》的题目。本来在讲完雅典城的建造后，他就该坐下了，可他偏偏想一次性把很多东西都包含进演讲的内容里，两分钟的演讲，一个没有具体范围的主题，可想而知，他最终只能面对失败。

演讲不确定范围，没有一个明确的主题，只能让自己的演讲变成一团乱麻，这是无法吸引听众注意力的。

总之，在真实的演讲活动中，务必要注意确定好范围。这个范围既包含演讲的内容，也包含听众和演讲活动所处的社会环境。

3. 选取的主题要有意义

只有选择和听众生活密切相关的主题，才能更好地抓住听众的心，空泛的理论往往只能让人瞌睡连连。如果发表的演讲只是对事件一知半解的阐述，发表一些无意义的议论，那么即使求助于资料、书刊，甚至课本、名人名言，东拼西凑成一篇冗长的演讲词，同样也是不受欢迎的。只有对听众有意义的主题，对听众有价值的主题，才是受听众欢迎的主题。

捷克作家的讽刺小说《好兵帅克》中，记录了这样一位天马行空的演讲者——克劳斯上校。他的演讲没有主旨，充满了让人感到乏味的内容。

诸位，我刚才提到那儿有扇窗户，你们都知道窗户是什么东西是吧？一条夹在两条沟之间的路叫公路。对了，诸位，那你们知道什么是沟吗？沟就是一群工人挖出来的凹下去的狭长的坑，是的，那就是沟。沟呢，是用铁锹挖的。那你们知道什么是铁锹吗？铁锹啊，就是铁做的一种工具，我想，不用说大家都知道的，是不是？你们都知道吧？

这样的讲话不仅没有逻辑可言，而且不具有任何意义。与其说是在演讲，不如说是一个思维混乱的人没有穷尽地自言自语。作者借这个虚构的人物，暴露了现实中一些演讲者的缺点，值得我们注意。

4. 选择的主题应适合自己

当你在寻找演说的材料和主题时，一定要选择一个适合自己的主题，这样你才能够更好地驾驭它。如何来判断选择的话题是否适合自己呢？这就需要事先进行设想：当听众对你演说的观点提出异议时，你是否有充分的把握，以你的信念、知识、经验来维护你的立场，如果能够的话，说明这是你有资格发表见解的主题。只有将主题熟悉并深刻理解之后，才能由衷地表达出来。

5. 只能确立一个主题

大多数演讲者的演讲主题都是单一的，即有针对性地对某件事进行演说，或激励听众，或针对社会上的某件事情进行评论，或为了宣传、营销……只有选择的主题单一且有针对性，才有可能把问题说通透，引起听众的共鸣。

很多时候，演讲的时间都是有限的，这就从客观上要求演讲的主题不能过多，篇幅不能过长。如果主题过多，篇幅过长，就会变得不知所云，使听众产生厌烦的情绪，不利于演讲的最初目的。

确立一个好的主题，能够为你赢得阵阵掌声。

"决战人生"是施瓦辛格作为美国加州州长访华，在清华大学发表的一篇演讲，其中一段是这样说的。

我还记得第一次到美国参加世界健美锦标赛。当时我输了，绝望无比。我就像一个失败者，一个遭受惨败的人。

我哭了，事实上我感到让朋友失望了，也让自己失望了。但第二天，我重整旗鼓，改变了态度，并对自己说，"要吸取教训"。

从那时起，我不断努力，事业也因此飞黄腾达。我实现了自己想做的一切——首先成为健美冠军，接着成为电影明星，后来当上了世界第六大经济体——加利福尼亚州的州长。

实现这一切，都是因为我的梦想。即使别人说我的那些梦想都是虚伪而荒唐的，但是我仍然坚持不懈。

在好莱坞，他们曾说："你绝对不可能成功，你一口德国腔。在好莱坞，还没有一个说话带德国腔的人能成功的。饰演一些纳粹角色你倒是可以，但有口音的人想成为主角是不可能的。还有你的体形，一身肌肉，大过发达了！二十前倒是拍过大力士的影片，不过早过时了。还有你的名字，施瓦辛格，根本不适合上电影海报。算了，你不会成功的。还是回去搞你的健美运动去吧！”

其余的都成了往事。演完《终结者》之后，我便成为好莱坞片酬最高的明星，但外界的质疑从未中断过。我竞选州长时还有人说：“阿诺，你永远当不上加州州长。你也懂政治？”而我依然参加了竞选。

我相信自己的梦想，其余的都已成明日黄花。我最终当上了州长。因此那些梦想总引导着我不断向前——健美运动给了我信心，电影给了我财富，而给我更大的决心的，是竞选州长的成功，以及因此带来的为公共服务的机会。

“决战人生”是一场被广大网友交口称赞的演讲，一篇思想性、艺术性俱佳的演讲杰作。整个演讲主题非常鲜明，施瓦辛格通过自己现身说法，充分证明有一个积极的人生态度多么重要。

施瓦辛格选取了一个他自己感兴趣的主题，并用自己非常熟悉的亲身经历来论证、支持这个主题，逻辑严密，观点鲜明，最终演讲取得了成功。

可见，在演讲中确立一个适合的主题至关重要。只有确立好的主题，你才能对演讲的内容有一个全方位的认识，才能更好地把握演讲的内容。

3.为演讲搜集资料

演讲稿的写作与文学创作不同，文学创作要避免先定主题，因为这样容易导致人物与情节脸谱化、公式化，失去文学作品所特有的丰满与张力。“主题先行”的文学创作，已经被当代作家与读者摈弃。而演讲则不同，演讲稿恰恰需要“主题先行”，也就是先定一个主题，再对材料进行统筹。演讲辞都有着鲜明的主题，表达演讲者自己的主张。

有了主题后，最重要的就是紧紧围绕主题寻找材料。主题与材料之间的关系是统帅与被统帅的关系，如果说主题是演讲的灵魂，那么材料就是演讲的血肉。为了使演讲稿丰满，我们要在确定演讲主题之后，广泛搜集演讲所要使用的材料。

那么，如何有效搜集材料呢?

选材料是一个技巧活儿。会选的沙里淘金，不会选的买椟还珠。总的来说，选材有几大原则：真实可靠，有说服力，材料新颖，有典型性。下面我们一一详谈。

1. 真实可靠

用一个虚假的事实来证明自己的观点，或支持自己的主张，会让你的演讲变得不可信。在你材料的真实性上，不要想当然，也不要抱有侥幸心理，更不要把听众当傻瓜愚弄。

网络时代，虚假信息、小道消息到处泛滥，如何鉴别是一种本领。例如2012年辛亥革命100周年前夕，国内媒体指责韩国某媒体，其“罪行”是韩国媒体称孙中山是韩国人。这则新闻引来不少媒体跟进，结果几天之后，真相大白——这是一则假新闻，那家韩国媒体根本没有说过这样的话。这样的假新闻，要证伪其实不难，但还是有很多知名媒体“想当然”地轻信了，这个错误对于媒体自身的公信力是一个打击。

如果你在演讲中引用类似的假材料来证明自己的观点，无疑会起到反作用。在为演讲稿选取材料时，一定要尽可能确保材料真实可靠。如果一时无法证实真伪，就应该忍痛割爱。

2. 有说服力

素材搜集完备后，你需要进行整理。这时必须关注你的主题究竟是什么，检查一下自己是否选择了有说服力的资料。演讲主题应避免空泛，越具体越好。

我们前面说过：演讲属于主题先行。因此，你在材料的取舍上，首先要看它能否有力地支持主题或为主题服务。凡是更能突出、烘托主题的材料就选用，否则就放弃。

3. 材料新颖

老掉牙的材料不如新材料。信息日新月异的今天，过去的经验、理论、数据，今天不一定适用。一些著名的演讲大师，尤其注重在“新”字上做文章，他们的材料里，有“昨天发生的事”，甚至有些是在演讲前几分钟从报刊或网络上得来的信息。

有一家公司正在为上市作前期准备，公司董事长在召开中上层领导会议时这样说：“在我赶来这里的路上，从网上得到一个消息：X公司的上市计划受挫。他们之所以受挫，是因为……”

这样的讲话，比分析N年前的案例要吸引人得多，而且也具有现实意义。这就给我们提供了一个新的思路，在你的演讲稿写好后，临登场演讲的那几天，还应该留意一下报纸与网络，如果有新鲜的材料，要及时补充或替换进稿子里。

4. 有典型性

所谓有典型性，就是具有代表性，能够揭示事物的本质。对于偶然的、个别的、表面的东西，应该坚决摈弃。

以上所列四点，因为考量的角度不同，所以有时也会彼此产生冲突。具体如何权衡把握，要因情而变。但不管如何，真实性是排在第一位的，对材料的取舍有“一票否决”的权力。

材料的搜集，其实可以变为事前的收集。也就是在闲时做个有心人，将各种自己感觉有价值的材料收集起来。电脑网络的普及，让这种工作变得方便快捷。来自网络的材料（文字、图片或视频、音频），可以通过复制或下载的方式保存。其他来源的的材料，也可以通过录入或数据输入的方式保存在电脑中。材料库最好分门别类，这样方便需要时迅速准确地调取。

4.让标题富有吸引力

一篇演讲稿，演讲题目的好坏，有时直接反映出演讲内容的精彩与否。一个精彩的、富有吸引力的题目，往往对应着精彩的内容；若题目没有什么吸引力，演讲的内容也就大多平实无华。要想有一篇精彩的演讲稿，就得先从题目下功夫，从标题开始就富有吸引力。

演讲的题目是听众最先听到的，是演讲的重要组成部分。一个标题的好坏，往往取决于听众的需求。只有根据听众的需求选取题目，才能真正引起听众的兴趣，并能够给听众知识和信息，演讲较易取得成功。

演讲稿的题目与演讲的内容、风格有直接关联，内容决定题目，题目则鲜明地显露出内容的特点。一个新颖、生动、恰当而富有吸引力的题目，有以下两方面的作用。

第一，具有概括性。它把演讲的主题、内容、目的全面地反映出来。如派特里克·亨利的“不自由、毋宁死”，朱棣文的“生命太短暂，不能空手过”，以及毛泽东的“为人民服务”等演讲题目，一讲出来就让人明白内容和主题。

第二，具有指向性。题目一公布出来，听众就知道你要讲的是哪方面问题，是政治性的、学术性的还是伦理道德的。贝多芬的“关于音乐的创作”、苏珊·安东尼的“论妇女选举权”等，从题目来看，前者是关于音乐创作的说明性演讲，目的是告诉人们音乐的特性以及如何创作优秀的音乐作品。后者显然是政论性演讲，告诉人们妇女为什么必须有选举权，以及妇女怎样行使自己的选举权等。演讲题目具有提纲挈领的作用。

一个恰当的题目，应当能激起听众对你的演讲内容产生兴趣，并使他们急于洗耳恭听。某些时候，一个比喻，一句引用语，或者与你的演讲相关的一个典故，都可以是题目。

在展示你的聪明或学识时，千万不要选择令你的听众迷惑不解的题目，从而弄巧成拙。诸如“你，一块海绵”或者“西克莫的赫拉克利特”

之类的标题，只会让听众失去兴趣。

题目务必要简洁明了，避免冗长拖沓或者充斥晦涩艰深的专业术语和学术名词。你的题目不应该过于繁琐。为了帮助你给自己的演讲找一个很棒的题目，我们将演讲划分为信息型、说服型、情感型这三大类，以方便理解。

如果你的根本意图是传播信息，那么标题一定要以事实为依据，不要累赘，例如“房地产的前世今生”。如果你希望表现出说服力，那么标题就要体现观点；例如“房地产：中国经济的毒瘤”；如果你希望听众体会到情感，那么就把它注入题目中，例如“谁不想要一个家——高房价的痛楚”(必须指出的是，未成为“房奴”的人，更容易接受情感型标题)。

以上说的是一些大而空泛的标题拟订方法，下面再具体介绍一些切实有效的小技巧。

A. 用一组令人兴奋的词语，如“用你的服务赢得客户的忠贞不渝”。

B. 用一首流行歌的名字作标题，如“爱拼才会赢”。

C. 运用类比，如“真相如同玫瑰一样带着刺：娱乐圈繁华的背后”。

D. 疑问句，如“OEM 到底是馅饼还是陷阱”。

E. 挑衅，如“让任志强与潘石屹休息：我们来合作建房”。

F. 结合最近的某件大事，如“从黄金大崩盘看中国的金融安全”。

5. 写个很棒的演讲稿

演讲稿是口头传播的文稿，是要讲给听众听的，因此除非是专业性的学术演讲，否则要尽量运用口语化的表达，说起来明白易懂，顺畅上口，听者也能在短时间内弄明白演讲者的意图。

演讲稿的结构分开头、主体、结尾三个部分，其结构与一般文章的结构大致一样。

以下这三个部分，要紧紧围绕你所要阐述的主题。

1. 开头

演讲的开头也叫开场白。演讲的开场白极为重要，如果演讲伊始不能先声夺人，吸引听众，那么后面的言论再精彩也会大打折扣。因此，高明的演讲者在设计开场白时，总是煞费苦心，匠心独运，用新颖有趣的寥寥数语，在瞬间吸引听众注意力，从而为接下来的演讲内容顺利地搭梯架桥。如何写一个精彩的开场白，我们随后节将会详细讲解，在此不再赘述。

2. 主体

演讲稿开头后，要迅速转入主体，主体是演讲的正文和核心部分，也是演讲稿的高潮所在，能否写好，直接关系到演讲的质量和效果。

内容的安排，应注意以下几个问题。

首先，要确定结构形式。演讲稿的形式比较活泼，或旁征博引，剖析事理，或引经据典，挥洒自如，或层层深入，或就事论事。结构形式不管怎么样变化，都要求内容突出，问题说透，推理严密，层次清晰，情理交融。

其次，要认真组织好材料。演讲稿的理论依据和事实论据的组织安排要适当，必须保证例证的真实性和典型性。

再者，要设计演讲的高潮。一个成功的演讲，不可能没有高潮。高潮通常要体现三个特点：一是思想深刻，态度明确，最能集中体现演讲者的思想观点。二是感情强烈，演讲者的爱恶、喜怒在这里得到尽情宣泄。三是语句精炼。

如何构筑演讲高潮呢？一是要注重思想感情的升华。必须对某个问题有较为深刻全面的分析、论证，演讲者的思想倾向才能逐渐明朗，听众也能逐渐领会演讲者的思想观点，并有可能在与演讲者的思想感情产生共鸣，从而构筑高潮。二是要注意语言的锤炼，使用排比反问等句式能增加气势，也可借助名言警句把思想揭示得更深刻。

演讲稿的行文应该有变化，富有波澜。“文似看山不喜平”，平铺直叙的文章让人感觉到呆板、单调和乏味，平铺直叙的演讲也给人类似感觉。

3. 结尾

行百里者半九十。

一些演讲者对于结束语不太重视，往往是阐述完最后一个观点后，说：“这就是我所要讲的全部内容”，或“我要说的就这些，谢谢大家”。这样结尾是不够的。你的演讲已经走了九十九步了，一定不能忽略结束语这一步。有了精彩的结束语，一场一百分的演讲才算真正大功告成！

拜互联网所赐，现在网上各式各样的演讲模块应有尽有。有些人偷懒，干脆上网找个类似的版本，稍微修改修改，就用来做演讲稿。其实，这种演讲模块中充斥了大量的套话、空话——不说套话、空话，如何放之四海而皆准？这种为了演讲而偷懒的方式，不如拒绝演讲更省事。

既然登台演讲，就要付出真心。抱着敷衍态度而写的演讲稿，是引不起听众的共鸣的。

第3章 一出口就精彩非凡

好的开始是成功的一半。一场好的演讲离不开一个好的开场白，出色的演讲总是在开篇便一鸣惊人，立即抓住听众的心。本章中援引大量实例，细述如何为你的演讲起个好头。

对于演讲来说，开场白的设计至关重要。“万事开头难”，要想用三言两语的开场白瞬间抓住听众的心，并非易事。如果演讲一开始就不能赢得听众的好感，不能吸引听众，那么后面的言论再精彩，也会使整个演讲黯然失色。

有经验的演讲者，总是创造出新颖独特，有奇趣、有智慧的开场白，以吸引听众，控制现场气氛，为接下来的演讲内容顺利地搭梯架桥。

英国谚语说，“好的开始是成功的一半”。出色的演讲总是在开篇便一鸣惊人，立即抓住听众的心。一场成功的演讲同时也是一场展示美、欣赏美的演出。跟所有的演出活动一样，演讲者一出场就要给人留下深刻的印象。

一开场未必要求精彩，但是一定要出彩，吸引观众注意力的开场白是最出彩的。

1.贴近生活的开场白

艺术来自于生活，更高于生活。任何形式的演讲，都离不开生活这个主题。演讲也可以选择与生活相关的事情作为开场白，只有真正与人们的生活联系密切了，才能吸引大家的注意力。

例如，一位医生要向听众说明体检的重要性，他就可以以这样的方式开场：

诸位，你们知道按照人寿保险的表格，你今生还能够活多少岁？据寿险统计资料：你的未来寿命，还有你现在的年龄与80岁之差的2/3。

比方你现在是35岁，那么你现在的年龄与80岁之差是45岁。那么，你的寿命就是还有45的2 / 3。换句话说，就是你还能活30年。

活这样一些年龄够了吗？不，不，我们谁都想多活几年的。然而，这里的表格，是根据几百万人的精确记录制成的，绝对不会有错。那么，你我希望能逃过这个数字吗？只要你小心谨慎，保养适当，是不难达到这个目的的。

这一步应该做的事，就是经常有一个详细的体检……

这样的开场白虽然过于理论化，但却是与人们的生命健康和寿命息息相关的，自然引起了听众极大的兴趣。

在演说开场时，讲些足以引起共鸣，与听众切肤相关的话，这是演说者人人应该熟记的秘诀。

1944 年，英国首相丘吉尔在美国度圣诞节时，以这样的开头发表了一篇演讲。

我今天虽然远离家庭和祖国，在这里过节，但我一点也没有异乡的感觉。我不知道，这是由于本人的母亲血统和你们相同，抑或是由于本人多年来在此地所得的友谊，抑或是由于这两个文字相同、信仰相同、理想相同的国家，在共同奋斗中所产生出来的同志感情，抑或是由于上述三种关系的综合。总之，我在美国的政治中心华盛顿过节，完全不感到自己是一个异乡之客……

“本人的母亲血统和你们相同”，“在此地所得的友谊”，“两个文字相同、信仰相同、理想相同的国家”，连用几个“相同”，丘吉尔的这番话虽然语言朴实，但却情感真挚，在第一时间就拉近了英美两国人民的关系，也为他的演讲开了一个好头。

与丘吉尔一样，加拿大总理特鲁多访问中国时，在欢迎宴会上致辞说：

昨天我观赏了香山红叶，使我想起了我们国家美丽的秋天。那枫叶也是我国秋天的美景。大家知道，枫叶还是加拿大国旗上的图案。

没有政治上的言辞，只有作为普通人的真挚情感。丘吉尔和特鲁多的致辞，大大沟通了两国人民间的情感，无疑是成功的演讲开头。

选择用贴近听众生活的语言、文字，贴近听众生活的情景，与听众生活密切相关的事物作开场白，往往更能得到听众的共鸣，得到意想不到的收获。

1863 年，美国葛底斯堡国家烈士公墓竣工。落成典礼那天，国务卿埃弗雷特站在主席台上，只见人群、麦田、牧场、果园、连绵的丘陵和高远的山峰历历在目。他心潮起伏，感慨万千，立即改变了原先想好的演讲辞开场白，从眼前的景象谈起。

站在明净的长天之下，从这片经过人们终年耕耘，而今已安静憩息的辽阔田野放眼望去，那雄伟的阿勒格尼山隐隐约约地耸立在我们的前方，兄弟们的坟墓就在我们脚下。我真不敢用我这微不足道的声音，打破上帝和大自然安排的这意味无穷的宁静，但是我必须完成你们交给我的责任。我祈求你们，祈求你们的宽容和同情……

这段开场白语言优美，节奏舒缓，感情深沉，人、景、物、情完美而又自然地融合在一起，因此具有了震撼人心的力量。据记载，当埃弗雷特刚刚讲完这段话时，不少听众已经泪水盈眶。

选择与听众生活密切相关的事物作为开场白，不仅可以用语言来表述，还可以用物品或某种具有象征意义的实物来开场。这样不仅吸引了听众的眼球，赚足了注意力，还可以为你的演讲润色，丰富你的演讲内容。

卡耐基是世界著名演讲家、人际关系学家，有一次他用5根手指夹住2支钢笔说："现在是7点钟，开始演讲。"大家慌忙看表，却发觉卡耐基开了个玩笑，这便是使用展示物法开场的例子。

1957年，周恩来总理访问尼泊尔。他在加德满都市民欢迎会上发表讲话，一开头就提到喜马拉雅山。

"当我们站在这个广场上，同千千万万的尼泊尔人民在一起的时候，过去时代的珍贵回忆就又涌现在我的眼前。虽然在我们两国之间横隔着世界上最险的喜马拉雅山，然而我们的人民却自古以来就保持着友好的往来……"

这是用喜马拉雅山的自然阻隔来反衬中尼两国人民之间的深情厚谊，两国历史悠久友好交往。

结尾处，周总理又一次提到喜马拉雅山："在我要结束我的讲话的时候，我祝中国和尼泊尔的友谊像联结着我们两国的喜马拉雅山那样巍峨永存！"这里，喜马拉雅山的巍峨高大，不可撼动，使它又成了友谊长存、牢不可破的象征。

选择用贴近生活的语言或事物来作为演讲的开场白，不仅可以在第一时间拉近与听众的距离，还可以更好地吸引听众的注意力，抓住听众的心。

2.巧用故事吸引听众

不论哪种类型的演讲，用故事开篇都会给人留下深刻的印象。

调查研究发现：在演讲后的一个小时内，人们会忘掉50%的内容；经过一天，将忘掉80%的内容；一周后，95%的内容会被遗忘。而不容易被人们遗忘的，就是演讲者所讲的故事、例子或亲身经历。

有一次，作家刘墉来到内地一所大学，以“活出闪亮的人生”为主题做演讲。面对大礼堂里围得水泄不通的同学，刘墉先讲了一个似乎与主题毫不相关的小故事。

“有一种鸟儿，会利用某个人家倾斜的玻璃天窗作滑梯，而且还能一个接一个地排队玩耍。还有一种鸟儿会利用红灯亮的时候，把核桃放到马路中间，等到绿灯过后，鸟儿就会重新飞到马路中间，飞快地衔走核桃。这时核桃已经被过往的车子碾碎了坚壳，可以吃到果仁了。”

故事很有趣，同学们也听得很入迷，但很快就有人提出质疑：“这跟今天的演讲主题有什么关系呢？”

正在大家纳闷时，刘墉笑了：“我的小故事里藏着大道理——你看，现在的小动物多聪明。也许有一天我们进公园，会发现收门票的变成了黑猩猩，而小狗也当起了邮递员。连动物都会随着时代进化，我们人类要活出自己的闪亮人生，不跟着时代进化怎么行？我们不是在新闻中看到会使用马桶的猫了吗？那些猫多么具有淑女气质！人家拉完了，还会摁一下，哗哗冲水呢！我们人类不进化，怎么闪亮啊，同学们！”

紧接着，刘墉进入正题，引出了第一个活出闪亮人生的关键词——懂得适应环境。台下纷纷报以最热烈的掌声。

著名演讲“遍地黄金”（演讲至6000次之多，曾获得数百万美元的收益）就是用故事的形式开始的。

"1870年，我们顺着底格里斯河往下走，我们在巴格达城雇了一位向导，领着我们去看西坡里斯、巴比伦……"

用讲故事的方法来开场，轻松灵活，能让听众不自觉地随着它走，听众都希望知道后来发生了些什么事，因此都会平心静气地听下去。

所以，在演讲之前，可以先讲一个短小精悍并且有趣的小故事引入正题。需要注意的是，故事的内容与演讲的主题要相吻合，以便引起听众的兴趣，并让他们明白演讲的主题是什么。

1952年春天，许多学者、教授在上海集会，研讨著名文艺理论家、华东师范大学教授钱谷融先生的论文《论文学是人学》。钱教授一身西装，风度翩翩，一上台就讲起了故事。

请允许我讲一个故事。

有位先生原来有妻室，是父母包办的婚姻，虽然妻子很贤慧，但感情这东西不像数学1+1=2那样简单清楚。

他在社交中认识了某位女士，一来二往，两人就情投意合，就是说情已他移。这难以多责怪，因为他们确有共同语言，真正感受到了爱的甜蜜。

然而，他却很苦恼，他尽管非常爱她，却不敢挽着那位女士的手臂走进社交场合，而是专心地带着他的老婆，还要在脸上堆着笑，显得很恩爱。

更叫他疑虑重重的是，不少人尽可以私下里赞同他的恋爱观，可是如果一到公开场合，准会侧目以待，甚至慷慨陈词，所以他只能苦恋着。

诸位，我就是那位先生，那位女士就是我的《论文学是人学》！但是今天，我终于把她带到大庭广众中来了！

话音刚落，会场上人声鼎沸。坐在近旁的一位戴着鸭舌帽的听众摘下帽子挥舞了几下，高声说："早该带出来了！"一时笑声阵阵。

为了激发起听众的强烈兴趣，可以使用故事为演讲增加悬念，激起听众的好奇心，从而促使听众尽快进入演讲者的主题框架。

选择用故事来吸引听众的注意力，不仅可以用悬念法，也可以用形象朴实的语言来讲述故事。

1962年，82岁高龄的麦克阿瑟回到母校——西点军校。一草一木，令他眷恋不已，浮想联翩，仿佛又回到了青春时光。在授勋仪式上，他即席发表演讲，是这样开的头：

今天早上，我走出旅馆的时候，看门人问道："将军，你到哪儿去？"一听说我到西点军校时，他说："那可是个好地方，您从前去过吗？"

这个故事情节极为简单，叙述也朴实无华，但饱含的感情却是深沉的，丰富的，既说明了西点军校在人们心中非同寻常的地位，从而唤起听众强烈的自豪感，也表达了麦克阿瑟深深的眷恋之情。接着，麦克阿瑟不露痕迹地过渡到"责任—荣誉—国家"这个主题上来，水到渠成，自然妥帖。

开场白需要的小故事，最好不要太长，也不要太复杂，最好在两分钟内说完，而且能衔接你所要讲的主题。

有时候面对同样一个故事，从不同的角度出发，你会有不一样的感触。同样一个故事，可能听众已经听过多遍，但你从不同的角度对它进行阐释，会更吸引听众的注意力。

有一个演讲者在谈到"沟通"的问题时，就用了这样一个故事。

有一位木匠厌倦了工作，于是跑去辞职。老板好奇地问他："你为什么不干了？"

木匠说："因为我觉得自己跟家人相处的时间太少了，很对不起他们，所以我想多留一点时间给他们。"

老板问他："那你生活怎么办？"

他说："请您放心，我一直都有储蓄的习惯，所以手边有一笔钱。但是我最难过的就是跟您工作了那么多年，感到有点不舍。"

老板也觉得有些伤感，就说："好吧！那么，可不可以请你再帮我盖最后一栋房子？"

这名木匠答应了。

不过，因为是最后一栋，他就盖得马马虎虎，甚至有点偷工减料。房子盖完，他通知老板，正以为没他的事了，老板却说："你等我一下，我要给你一个惊喜。"

没想到，这时老板拿出一串钥匙，放在木匠的手心："这栋房子就是我送给你的退休礼物。"

那木匠一听，真是悔不当初。想到自己以后要住在这样的房子里，而且自己又最清楚房子哪一个部分偷工减料了，住进去心里会非常难过。

在这个故事里，大多数人都认为木匠是自讨苦吃，如果早知道这个房子是自己住，就绝不会这样马虎草率。因为人性是自私的，跟自己有关的事就会非常认真。但是，从另一个侧面而言，如果这个木匠早点跟老板沟通，或是老板早点跟木匠说这个房子是给他住的，那结果是不是会不一样呢？

生活中的很多事情都是一体两面的，演讲中不要只盯着事物的一面。善用发散思维，对同一个故事做多方面的考虑，巧设主题来丰富你的开场白，你会收到不一样的效果。

下面来看另一则小故事。

两个旅行者走在沙漠中，突然刮起了狂风，到处飞沙走石，方向都弄不清楚，他们觉得自己好像迷路了。

走着走着，两个旅行者都口干舌燥，神志也有点不清醒了。这时候，他们突然好像听到了一个声音说："你们往这个方向走，不远处有一个池塘，你们可以在那边喝到水。可是，当你们喝完了水，记得每个人要拿两块池塘边的石头。"

他们两个听从这个声音的引导，朝着指示的方向走去，果然看到了那个池塘。两个立刻畅快地痛饮了一番。喝完水，其中一个人记得带了石头，另外一个人却一块都没带。

后来，他们看见远处有灯火，原来前方是一个村落，于是他们就找了一间客栈投宿。当客栈里的人出来接待这两个旅行者时，看到他们从口袋里拿出了石头，客栈的人大吃一惊，告诉他们，这是一种很名贵的宝石。

那个没有带走石头的人很懊恼，自己居然没有听从神秘声音的指示；另一名旅行者也很懊恼，如果多带走几块石头，现在不就身价百倍了吗？

这个就是演讲者在以"把握当下"为主题的演讲中用到的一个小故事。生活中，我们总是为了没得到、已失去亦或是得到的不够多而懊恼，殊不知上帝对每一件事的安排都自有他的道理，关键是如何把握自己，做到知足常乐，求得内心的平静。

用故事作为演讲的开场白，不论是赞美还是制造悬疑，除了吸引听众，最重要的是要带动现场的气氛。当你看到现场的气氛已经带动起来了，接下来的内容才能说得更从容，更自信。

3.开场白也可以很实在

托尔斯泰这样说过:“真正的艺术永远是十分朴素的,明白如话的,几乎可以用手触摸到的。”

平实质朴的语言,是拉近演讲者与台下观众最有力的手段,是备受人们推崇的语言风格。这种语言虽然没有华丽的词藻,刻意的雕琢,但是那些朴素直白的话语,形象生动的描述,却能给人纯朴自然,平易近人的美感。国内许多领导人的讲话,专家学者们的演说中,都用到这种“话家常”式的演讲风格,这样的讲话听起来备感亲切,更容易被听众接受。

有一个演讲主题为“家庭和谐”的开场白例子。

“在187年前的今天,一个伟大的文豪在俄国一个偏僻小站中孤独地告别了人世。西伯利亚的寒流带来的大雪,覆盖着他短暂居住过的小木屋。这个文豪名叫列夫·托尔斯泰……”

简单介绍了托尔斯泰的生平后,演讲者继而就托尔斯泰紧张的夫妻关系,以及由此造成的不幸福的晚年生活展开了演讲。这样的开场白即朴实又好用,既直切主题,又能让故事自然而然地缓缓呈现在听众面前。

语言之所以朴实,是因为用到的句子很常见。怎么让平淡无奇的文字变得生动起来,就需要我们对其进行高度的提炼。“吟安一个字,捻断数茎须”,说的就是对文字的运用要高度简洁凝练,准确恰当。

提起改革开放的总工程师邓小平同志,我们知道他的演讲风格跟他的为人一样,朴素真实,毫不做作。在党的十二届三中全会的讲话中,他一开口就说道:

反对资产阶级自由化,我讲得最多,而且我最坚持。为什么?

第一,现在在群众中,在年轻人中,有一种思潮,这种思潮就是自由化。

第二,还有在那里敲边鼓的,如一些香港的议论,台湾的议论,都是反对我们的四项基本原则，主张我们把资本主义的一套制度都拿过来，似乎这样才算是真正搞现代化了。

自由化是一种什么东西？实际上就是要把我们中国现行的政策引导到走资本主义道路。

没有在官场上常见的空话、套话，没有华而不实的内容，这些话浅显易懂，平凡生动，同时又于质朴中见深邃，表现了邓小平驾驭语言的深厚功力和炉火纯青的演讲艺术。

演讲不是观赏电影，再高明的演讲者，都只能通过语言表述来传递自己的意图。为了让聆听的人们深入演讲的话题，演讲者在表述中务必形象周密，引人入胜。那些修饰限定性的词语，能省就省，这样可以使讲话紧凑有力，形象直观。

毛泽东同志在《反对党八股》一文开头后不久说道：

一个人偶然一天两天不洗脸，固然也不好，洗后脸上还留着一个两个黑点，固然也不雅观，但倒并没有什么大危险。写文章做演说就不同了，这是专为影响人的，我们的同志反而随随便便，这就叫做轻重倒置。许多人写文章，做演说，可以不要预先研究，不要预先准备；文章写好之后，也不多看几遍，像洗脸之后再照照镜子一样，就马马虎虎地发表出去。其结果，往往是"下笔千言，离题万里"，仿佛像个才子，实则到处害人。

毛泽东是新中国的一代伟人，同时还是一个语言大师。他喜欢用贴近老百姓生活的词语、例子来做演说，写文章，使人人都听得懂，听得明白。这段话中用常见的"洗脸"来类比写文章，生动传神又很直观。这篇距离现在已经有半个多世纪的文章，现在看来，还是一样鲜活生动，读起来丝毫不费力气。这种形象的描述方法，同样值得我们借鉴。

《庄子·天道》中有这样的句子："朴素而天下莫能与之争美。"这句话的意思是说，朴素就是最自然的美，永远会不褪色，其他种类的形式的美，都无法与之相比。这句话对于演讲也一样，朴素但饱含真情的句子，远比精心雕琢的语言更能让人感受到真实与坦诚。朴实却真诚的句子，远比浮华却没有内容的语言更能吸引人，更能引起听众的共鸣。

看过第二十九届金鸡百花奖颁奖典礼的观众们，一定还记得当时最佳女演员李冰冰的获奖感言。喜获该奖的李冰冰哭成了泪人，走到台上语无伦次，平息了好一会儿，才哽咽着说道：

我已经连续四年入围金鸡百花电影节了，可以说是一届奥林匹克。连评委老师都说，没有一个人像我这样连续四年入围，每年都来。这四年来，我一次次失败，一次次再来，这个奖已经超出了它的意义，让我更懂得什么是坚持。我一直做着自己的奥林匹克。我还是幸运的，很不好意思，别人没有得这个奖。其实在台下等待的过程挺折磨人的……原谅我语无伦次，让我把攒了四年的话调整一下说出来吧。

虽然因为工作的需要，李冰冰在镜头前时常要表演各种不同的姿态，但是这一刻的李冰冰，完全真实地说出了内心的激动与感慨，在场的观众无不为之动容，继而报以热烈的掌声。

只有真正发自内心的声音，才有打动人心的力量。相对于其他演讲风格，质朴的演讲风格是最没有技巧的“技巧”，它简单易学，平易近人，如同朋友间的闲话家常，但却适合多种场合。

4.用提问的方式作为开场白

一位老先生在演讲开始时，首先向听众提问：“人从哪里老起？”听众纷纷作答，有的人说人从脚老起，有的说人从脑子老起，会场气氛十分活跃。老先生最后自我做答：“我看有的人是从屁股老起。”全场哄堂大笑。

老先生继而解释道：“某些干部不深入实际，整天泡在‘会海’里，坐而论道，那屁股可遭殃了，又要负担上身的重压，又要与板凳摩擦，够劳累了。如此一来，岂不是屁股先老么？”

这位老先生在抨击官僚主义之前，先利用一个提问制造了第一悬念，调动了全场听众的兴趣。然后利用一个出乎听众意料的自问自答，制造了第二个悬念，使听众在笑声中等待悬念的解开，从而有效地控制了听众的思想和情绪，也点明了主题思想，可谓一石二鸟。

在一个古钱展览会中，一位老先生曾用两个手指执了一枚钱币，高举过肩，这自然引导观众都向他手中的钱币上看。然后，他才开始演讲道："在场的诸位，有没有人在街上捡到过这样的钱币？"接着，他就开始讲述这枚钱币的珍贵和他收藏的经过。

开场时提出一个问题，听者就会顺着所提的问题去思考，有一种急于知道答案的想法产生，这样演讲者才能更好地把听众带入到演讲的情景当中。值得注意的是，演讲时提出的问题要新颖，不要过于简单，尽量提一些能给听众教益和启发的问题。

在一场以"吸入溶剂和气溶胶的危险"为主题的演说中，威德森选择了这样一个开场白。

看到这张美钞了吗？它对你有什么用呢？你可以用它来投资，可以省下来买更贵的物品，或者干脆花掉。虽然现今1美元买不了多少东西，但另一方面，孩子们可以用这1美元去买他们喜欢的东西，即便他们买来的东西会伤害他们。这1美元可以让孩子们廉价地、随处可得但非常致命地"爽"一把。

很多时候，演讲者提出的问题，并不想让他的听众真的来回答，只是想引起听众对问题的思考，以便引出下文。

在演讲中用反问的方式来开场，有时比平铺直叙的方式更能激起听众的情绪，引起听众的共鸣。

闻一多在《最后一次演讲》的开场白中说道：

这几天，大家晓得，在昆明出现了历史上最卑污、最无耻的事情！李先生究竟犯了什么罪，竟遭此毒手？

这是一篇充满斗志的战斗檄文。在演讲开始时，大量地使用短句，这些句子虽短，却充满了挑战性，像一柄钢刀，直插敌人的要害。也正是由于这种充满挑战性的言辞，犀利的问句，使得听众也被闻一多视死如归的英雄气概所感染，对敌人的愤慨也到达了顶峰。试想，如果将这些句子换成大段大段的抒情，言辞显然不会如此犀利，也就达不到发动群众的作用了。

人们都有好奇的天性，一旦有了疑虑，非得探明究竟不可。为了激发起听众的强烈兴趣，演讲者可以适当地使用悬念手法。在开场白中制造悬念，激起听众的好奇心，从而促使听众尽快进入演讲者的主题框架。

制造悬念的开场白，最适用于秩序杂乱的演讲场合。比如，有位学者应邀到某师范学校举办讲座。因为这位学者不是很有名气，所以当时会场秩序比较混乱，学生对讲座不感兴趣。学者见状，上台后并不说话，先是在身后的黑板上写了一首诗："月黑雁飞高，单于夜遁逃。欲将轻骑逐，大雪满弓刀。"

写完后他说："大家都知道，这是一首有名的唐诗，广为流传，又选进了中学课本。大家都说这首诗写得好，我却认为它有点问题。问题在哪里呢？等会儿我们再谈。今天，我要讲的题目是《读书与质疑》……"这时全场鸦雀无声，学生的胃口被吊了起来。

直到演讲快要结束时，学者才给出答案："这首诗问题在哪里呢？不合常理。既是月黑之夜，怎么能看得见雁飞？既是严寒季节，北方哪有大雁？可见，读书不能死读书，要有质疑的精神。"

这段话与前面首尾呼应，又与主题紧密结合，这样的开场白很是精彩。

一次讲话，在台下引起人们的思想和感情发生共鸣时，才算是真正被听众接受了。事实上，演讲虽然是一人说，众人听，但台下听众也在用表情与讲演人进行着无声的交流。这决定了讲话不是单向性的，而是跟听众在相互交流。所以，高明的演讲家常常发出一些设问、反问，以引起台上台下互动。

下面请欣赏某部队一位连指导员的就职演讲。

各位战友：

我一到这里，就收到了大家送来的不少“礼品”（惊讶、疑惑）。而且现在，准确地说，在我说话的时刻，很多同志，几乎百分之百的同志，还在源源不断地送来。

大家不要纳闷：我没送什么给你呀。其实，大家确实送了，只不过没有在意，或者说不自觉罢了。这“礼品”就是目光。（笑）

目光？是的。我发现，大家向我投来了各种各样的目光：有信任的，有期待的，有疑惑的，也有无所谓的……我觉得，大家的这些目光，就像为我这个指导员走马上任准备的一堆礼品：有玫瑰，有玉兰；也有仙人掌，也有霸王鞭……（大笑）不管什么样的目光，不管什么人，是怎样的“礼品”，我都愿意收下，我都收下了！（热烈鼓掌）并且我还应说上一句：谢谢大家！（再次鼓掌）

诚然，来到这个连，我深感责任之重大……要解决这些既存问题，实非易事。不过从大家信任、期待、疑惑的目光里，我看到了希望之所在，意识到压力之所在，责任之所在；从少数同志无所谓的目光里，我也觉察到了阻力之所在，障碍之所在。（笑）不管压力也好，阻力也好，我很自信。相信自己，相信战友，相信大家的力量和智慧，相信阻力终究能变成动力！（鼓掌）

这是一次成功的讲话，讲话者故意设置悬念，引起台下思考，较好地实现了双方互动。

在演讲中给听众提出问题，一方面可以更好地吸引听众的注意力，把他们带入演讲者设置的演讲情景中；另一方面也是演讲者事前留心观察，弄清了听众喜欢的主题是什么，进而巧妙设计的结果。

应注意的是，在提问时，要注意所提出的问题是否能够引发听众思考，并在他们自己的大脑中回答你的问题。

5.幽默风趣的开场白

幽默，有时往往能体现一个人的智慧以及思维的敏捷度。运用幽默的语言或事例作为演讲的开场白，能使听众在轻松愉快的气氛中很快进入演讲接受者的角色。

大家都知道李敖文笔不凡，但却不知道他的口才也同样了得。他思维敏捷，词锋犀利，却又不乏幽默狡黠，诙谐之处每每让人捧腹。

2005年9月21日，李敖到北大演讲，他的整场演讲都幽默风趣，让人捧腹。他的开场白是这样的。

你们终于看到我了。我今天准备了一些“金刚怒目”的话，也有一些“菩萨低眉”的话，但你们这么热情，我应该说菩萨话多一些。（掌声，笑声）演讲最害怕四种人：一种是根本不来听演讲的；一种是听了一半去厕所的；一种是去厕所不回来的；一种是听演讲不鼓掌的。”（李敖话音未落，场内已是一片掌声）

当年克林顿、连战等来北大演讲时，是走红地毯进入的。我在进门前也问道：“我是否有红地毯？”校方说：“没有，因为北大把你的演讲当作学术演讲，就不铺红地毯了。”如果我讲得好，就是学术演讲；若讲得不好，讲一半再铺红地毯也来得及。（听众席爆发出了雷鸣般的掌声）

很多演讲者都喜欢在开场时先恭维一下在场的听众，赚点人气。李敖却不落窠臼，来了个“反弹琵琶”，不说客套话，首句便以“你们终于看到我了”来打趣听众，暗含潜台词：“你们有机会见到我李敖应该很高兴”，充满谐趣且匠心独运。

紧接着，他用“金刚怒目”与“菩萨低眉”来形容自己的话语，诙谐之处令人捧腹。然后，他趣谈演讲最害怕的四种人，实则在变相向听众“讨要”掌声，可谓妙到极至。

李敖接着拿“红地毯”说事，“如果我讲得好，就是学术演讲；若讲得不好，讲一半再铺红地毯也来得及”，这句幽默话一语双关，既自矜于高超的演讲水平，又顺便戏谑了克林顿、连战的演讲水平不及自己，“台湾文坛第一狂人”的形象一展无遗。如此妙趣横生的开场白，自然能收获听众的满堂彩了。

有一次，作家林语堂在台北参加某院校的毕业典礼，很多人发表长篇大论。轮到他讲话时，听众已经疲倦难耐。只见林语堂站起来说，“演说像姑娘的迷你裙，愈短愈好。”话一出口，全场变得鸦雀无声，然后哄堂大笑。演讲者很好地表达了观点，赢得了听众。

用幽默作为演讲的开场白，可以在第一时间拉近和听众的距离，有时也可以缓解演讲环境里的紧张氛围。

美国著名黑人律师约翰·罗克勤口才出众，也颇具幽默感。

1862 年，在一次听众都是白人的演讲会上，约翰·罗克勤发起一场“要求解放黑人奴隶”的演说。他的开场白简洁幽默，但却意味深长，让人在忍俊不禁的同时发人深省。

面对全场的白人听众，约翰·罗克勤一上台，就对自己的肤色做了一番自嘲解说。

“女士们，先生们：我来到这里，与其说是发表演说，还不如说是给这一场合增添了一点点‘颜色’……”

此言一出，台下的白人听众哄堂大笑，紧张的气氛立马缓和下来。

听众都是白人，黑人演说家却要做一场解放黑奴的演讲，出言稍有不慎，就会引起双方的矛盾冲突，甚至引发不可收拾的严重后果。如何化解白人听众的戒备、抵触情绪，显得至关重要。

约翰·罗克勤并没有战战兢兢，如履薄冰，而是轻松诙谐，第一句话就拿自身的肤色大开玩笑：“我来到这里，给这一场合增添了一点点‘颜色’”，这样一个自嘲式的幽默开场白，风趣而颇具深意，引起白人听众哄堂大笑。笑声瓦解了听众因种族差异造成的敌对情绪，融洽了演讲者与听众的关系，也使沉重的话题变得轻松自然，收到了“一箭三雕”之效。

某离休老干部七十大寿，不少老同志与老部下前来祝寿。老干部在酒席现场作了简短致辞，其开场白是：“今天，是我 35 岁的生日。”众人不解，熟悉的以为他口误，不熟悉的还以为他老糊涂了。老干部接着补充了一句：“括号公岁。”

“公岁”这个词汇是生造的，听众在短暂的安静思考后，爆发出热烈的掌声，原来：1 公斤等于 2 斤，那么 35 公岁也就是 70 岁了。老干部的幽默，让大家开怀的同时，还暗中传递了自己不服老的意思。

在演讲中，假如你的内容平淡无奇，甚至严肃沉闷，这样的演讲要想成功很难。若能在演讲中加入一些幽默、笑话，或是一些好笑的相声段子，便能立刻提起听众的兴趣。

在 1984 年洛杉矶奥运会上，中国运动健儿夺得 15 枚金牌、8 枚银牌、9 枚铜牌，战绩辉煌。奥运会结束后，有人觉得体育界的经验“可以借鉴到四化建设的各条战线上去”，于是发表了《看了金牌之后》的演讲，他是这样开场的。

有一段相声说，在李莲英大总管红紫当朝的年月，中国曾派过体育代表团参加奥运会。这位只会喊“喳”的“小李子”不懂什么是国歌，于是以《贵妃醉酒》代替。而且又选了飞檐走壁的大侠去跳高，选了皇宫里传旨的小太监参加短跑，找了几个北京天桥变戏法的，每人怀里揣一个篮球去和洋人比赛，结果把篮球变来变去，不见传球，只见入网。从那以后，打篮球都穿背心、裤衩，就是吃了李莲英的亏，才作出的国际性规定。

这段相声使人捧腹不已。然而也让人觉得有些解嘲的味儿，跟阿 Q 说的“先前阔”有点相近。实际上，中国人首次参加奥运会是 52 年前，运动员仅一名，“硕果”是一个“鸡蛋”。

然而 52 年后，还是在天使之城洛杉矶，我国运动健儿夺得了 15 枚金牌、8 枚银牌、9 枚铜牌，名列金牌总数第四位。这可不是相声，是事实。如要走向世界，大胆革故鼎新，则当首推体育界……

这篇演讲，用“相声”开场，以风趣、幽默的方式，逐步引人入胜。假如换一种说法，一开始就说“我国体育健儿在奥运会夺得 15 枚金牌，我们各行各业都应该从中得到启发”之类的话，会让人觉得没有吸引力，就没有听下去的兴趣了。

演讲者采用这样的事例来开头，表面上谈奥运会，实质上是谈改革开放，谈人事制度改革，谈用人观念更新，让听众感觉新鲜。

就像鲁迅反对干涉恋爱自由，借雷峰塔的倒掉来发挥；毛泽东论反帝反封建的斗争，引愚公移山的寓言来阐述。这种借题发挥，往往别开生面，比起一些板起面孔，从头到尾都从正面论述题旨的演讲，不仅让听者感到亲切有味，还能启发听者联想，活跃听者的思路。

6.另辟蹊径的开场白

丽贝卡·威特曾就读于圣路易斯州的密苏里大学，她曾给大学生做过一个以自杀为主题的演讲，看看她是如何开场的。

“我是一个由七个字母构成的单词。我破坏了友情、亲情、邻里之情、同学之情。我是当今青少年中最大的杀手，我并非酒类，也并非可卡因，我的名字叫自杀……”

丽贝卡不拘一格的开场白，在第一时间就抓住了听众的心，第一时间把听众带到了她的演讲情景中。

听众对平庸普通的论调都不屑一顾，置若罔闻；倘若用别人意想不到的见解引出话题，造成“此言一出，举座皆惊”的艺术效果，就会立即震撼听众，使他们急不可耐地听下去，这样就能达到吸引听众的目的。

胡适在一次演讲时这样开头：“我今天不是来向诸君作报告的，我是来‘胡说’的，因为我姓胡。”话音刚落，听众哄然大笑。

胡适这样的开场白，在巧妙介绍了自己的同时，也显示出了他谦逊的修养，并且活跃了场上的气氛，可谓一石三鸟，堪称经典。

台湾艺术家凌峰在1990年参加春节联欢晚会的时候，还不被大多数人认识，可是他说完那妙不可言的开场白后，一下子被观众认同，并受到了热烈欢迎。他说：

“在下凌峰。我和文章（台湾地区歌星）不同，虽然我们都获得过‘金钟奖’和最佳男歌星称号，但我以长得难看而出名……，一般来说，女观众对我的印象不太好，她们认为我是人比黄花瘦，脸比煤炭黑。”

这一番话谑而不虐，妙趣横生，令观众捧腹大笑。这段开场白给人们留下了坦诚、风趣、幽默的印象。

不久，在“金话筒之夜”文艺晚会上，凌峰又来了。只见他满脸带笑，对观众说："很高兴又见到了你们，你们很不幸又见到了我。"观众报以热烈的掌声。至此，凌峰的名字传遍四方。

避开一些生活中常见的开场白，另辟蹊径，对同一个事物用不同的语言解释，言之有理，言之有物，往往更能吸引听众的注意力。

在某大学的毕业典礼上，校长他一开口就让莘莘学子惊讶万分："我本想祝福大家一帆风顺，但仔细一想，这样说不恰当。"校长故意卖个关子，让台下学子们"嗡嗡"小声交流了片刻，然后继续说——"说人生一帆风顺，就如同祝某人万寿无疆一样，是一个美丽而又空洞的谎言。人生漫漫，必然会遇到许多艰难困苦，比如……"

中间的论证这里就不再赘言，总之他最后得出结论：

"一帆风不顺的人生才是真实的人生，在逆风险浪中拼搏的人生，才是最辉煌的人生。祝大家奋力拼搏，在坎坷的征程中，用坚实有力的步伐走向美好的未来！"

他的开场白摈弃了常见的"一帆风顺"式的吉祥祝福，反弹琵琶，从另一角度阐述出了人生哲理。第一句话无异于平地惊雷，又宛若异峰突起，怎能不震撼人心？

面对同样一个观点，却从不同的方向进行阐述。这样另辟蹊径的开场白，在引起听者兴趣的同时，将道理说的实实在在，深入人心，这就是一个成功的开场白。

值得注意的是，运用这种方式应掌握分寸，弄不好会变为哗众取宠。在你对观点进行阐述的同时，应该注意要言之有理，切不可生搬硬套，否则便是弄巧成拙，这样只会引起听众的反感和厌倦。

第4章
如何说服你的听众

一个演讲者只有说服了他的听众，他的演讲才称得上成功。空有大道理的演讲是不能让听众产生共鸣的，如何说服你的听众，使你的演讲给人留下深刻的印象，这里面可有很多文章可做。

俄国十月革命刚刚胜利时，农民们怀着对沙皇的刻骨仇恨，坚决要求烧掉沙皇住过的宫殿，别人做了许多思想工作都没有效果。

当愤怒的农民举着火把，蜂拥到皇宫前的广场时，列宁站了出来。面对愤怒的农民，列宁发表了一场简短的说服演讲。

列宁："烧房子可以。在烧房子之前，让我讲几句话，可不可以？"

农民："可以。"

列宁："沙皇住的房子是谁造的？"

农民："是我们造的。"

列宁："我们自己造的房子，不让沙皇住，让我们自己的代表住好不好？"

农民："好！"

列宁："那么这房子要不要烧呢？"

农民："不烧了！"

列宁没有正面劝阻农民的行动，而是引导他们换一个角度看问题，使他们明白皇宫其实是自己的劳动成果。三言两语，就说服了那些坚持要烧掉皇宫的农民，保住了国家的宝贵文物。

事实上，说服性演讲在我们身边到处都是，只要演讲的目的是说服别人改变他们的感受、信仰或行为，就是说服性演讲。销售人员试图说服人们购买产品，政治家试图说服选民投他一票，教师则试图说服学生喜欢他的课，都是在进行说服性演讲。

一个演讲者只有说服了他的听众，他的演讲才称得上成功。但要说服听众并非那么容易，演讲者必须有令人信服的人格魅力，必须有诚恳谦逊的态度，此外还需要现身说法，用具体例子说服听众。

1.以听众为中心

古人讲，"知己知彼，百战不殆"。要想说服听众，必须先了解听众，把握其心理活动。讲话之前，要先摸清他们的心理状态是什么？兴奋点是什么？心理疑点是什么？有哪些心理需求等。尤其要了解其心理特点和弱点，进而抓住要害，一语中的，使其产生心理震撼。这是攻心的关键。

以听众为中心，在演讲之前要先对听众有一个大概的认知。要知道演讲对象的文化层次和兴趣爱好，“见人下菜碟”才行。演讲者在演讲中如果不关注对象的理解能力，只顾自说自话，那么演讲的效果就不会好。

从前有个秀才家里没柴了，要做饭，他妻子就打发他到市场去买柴。

到市场后，秀才对卖柴的老农说：“荷薪者过来！”

老农没有听明白他说什么，但是听到“过来”两字，就把柴担到秀才面前。

秀才接着问他：“其价如何？”

老农仍然如坠雾里，但是听到“价”这个字，于是就告诉他价钱。

秀才接着说：“外实而内虚，烟多而焰少，请损之。”意思是说，你的木柴外表是干的，里头却是湿的，燃烧起来，浓烟多而火焰少，请降低些价钱吧。

秀才说完，等着卖柴老农给他降价，没想到老农挑起担子走了。老农为什么要走呢？关键是听不懂他在说什么。

秀才没买到柴，回到家受到老婆一顿奚落。

秀才没能够买到柴的原因，是他没有能够认识到他谈话对象的接受程度，所以彼此之间存在着沟通困难。

面对不同的听众，选择说话的方式至关重要。

央视著名主持人敬一丹是一位经验丰富的演讲者，她以前也曾经面临过这样一个尴尬的场面：

她到山东采访一位养猪分会的会长，采访的话题是“谈谈农民产业协会”。他们将采访的地点定在养猪场里，等安排好服装、道具等细节后，敬一丹开口问：“会长，你们这个养猪分会辐射了多少农户？”这位会长听完敬一丹的问话后，一脸茫然。他看着敬一丹支吾地说：“嗯……记者同志，什么叫辐射？”不得已，现场采访暂时停止。敬一丹十分尴尬，恨不得找个地缝钻进去。直到今天，敬一丹仍然不能忘记那时的感觉。

根据听众选择合适的语言，以便听众听懂，是演讲者需要具备的重要素质之一。

一个以听众为中心的善于讲话的人，不会独自滔滔不绝地“满堂灌”，而是会想方设法地让听众与自己一起思考，一起讨论，以便引起听众的持久关注。

“自拉自唱”独角戏式的讲话，注定不受欢迎。如果听众始终处于“懒惰”状态，则不利于讲话的效果。演讲者必须善于调动听众思考的积极性，比如不断提问，旁敲侧击，一语双关等，都是很好的引起听众注意的方法。

古希腊哲学家苏格拉底是世界公认的口才大师，他的每一次讲话都深受青年人的欢迎。苏格拉底讲话方式的最大特点，就是引导性的问题特别多，并且设计巧妙，不由得听众不去想，不由得听众不关注话题。

在《理想国》一书中，对于每一个话题的对话，苏格拉底的智慧不仅体现在说教与解释方面，还体现在提问上。各个角度各种奇怪的问题，在苏格拉底的组织下，成为引人思考的粘结剂，只要参与对话的人，都无法不被吸引。

以听众为中心就像厨师做饭应注重食客的饮食特点一样，演讲者讲话必须围绕听众的接受特点展开话题。如果演讲者在讲话时一味以自我为中心，滔滔不绝讲了大半天，听众却不感兴趣，那么他的讲话就很难说精彩了。高明的演讲者讲话总是围绕着听众转，讲听众之所想、所盼、所需，这是讲话取得成功的基石。

报载，2005年，共青团重庆市委副书记彭烨参加了美国哈佛大学肯尼迪政府学院举办的“高级行政官员”培训项目。“所有课程的主旨都是教育官员如何沟通、协调、合作和决策，在这个过程中，如果不注重自己的表达，没有自己的思考，几乎不可能找到解决问题的办法”，彭烨说。从美国培训归来后，每当自己在公开场合讲话时，首先想到的就是了解谈话对象，并找到好的表达方式。

把握听众心理，是实现讲话目的的客观要求。听众虽然处于被动接受的地位，但绝不是被动的“接收器”，而是具有主观能动性的积极参与者。

据报道，某市领导春节送温暖，农村贫困户家徒四壁，身无长物，只能眼巴巴地盼着领导同志从口袋中掏出红纸包裹的慰问金来。偏偏这位领导似乎嫌往日作报告、下指示不够，握着贫困农民的手，又把报告上、报纸上、文件上的那套话原原本本地重复了一遍。可怜了那位农民，天知道他听得懂还是听不懂，却不得不做出聆听状和受教育状。他心里想的，恐怕是眼前这个领导尽快结束“讲话”，让他早点去买点过年的东西。

老舍先生也是一位语言艺术大师。每场演讲他都非常重视地点场所、听众组成、现场气氛等实际因素，其中的一些细节问题也考虑得非常周到，所以他的演讲非常受欢迎。比如他在演讲之前，会特别注意因地制宜，在演讲中融入他对演讲的感受和认识，拉近与听众的距离。

例如他在1946年上海文艺鉴赏会上所做的演讲，针对上海听众，非常恰当地表达了对战后上海变化的感受。他说：“上海穷了，静了，上海并不乌烟瘴气。上海是中国最重要的城市，很可能造成一种真诚朴实的风气，同时又可以影响整个中国。”他是在讲上海的文学，但是单纯讲文学会比较抽象，把上海的这种变化同抗战中的文学发展变化相联系，能够引起听众的共鸣，能够提升演讲的表达效果。

演讲者还需要根据听众的接受能力选择素材和语言，让素材扣人心弦，语言简明易懂，使演讲者与听众能够很好地交流，充分地互动，从而不断将演讲推向高潮。

以听众为中心，讲话者还要根据听众的情绪，适时地调整内容或说话方式，就是要“看人说话”，直到听众情绪符合讲话者的需要为止。这就要求在讲话中学会“变”术，在讲话过程中随时捕捉听众心理的变化，把听众的情绪逐步推向高潮，达到台上台下共鸣的效果。

2.用实例说服听众

在演讲中，不少人喜欢讲大道理。道理当然可以讲，也应当讲，但道理一旦变成“大道理”，就会空泛而又无趣。特别值得演讲者注意的是：讲大道理容易让听众产生一种你在居高临下教训人的感觉。没有人喜欢被别人居高临下地教训，对于很多大道理，大家早就麻木甚至反感了。我们常说：“事实胜于雄辩。”演讲者可以用具体实例去说服听众。如果你在演讲台上用事例去说服听众，会比自己夸夸其谈更有效果。

在一位大学毕业的竞聘演讲中，有这样一段话。

也许有人会说我“嘴上无毛，办事不牢”，但我想追问一句：“嘴上无毛”就一定“办事不牢”吗？古今中外许许多多军事活动家，恰恰都是在风华正茂的时候担当重任并建功立业的。民族英雄岳飞20多岁带兵抗金，当节度使时才31岁；其子岳云12岁从军，14岁打随州时率先登城，成为军中骁将，20岁时就当了将军。

曾经统率大军席卷欧洲大陆的拿破仑，从巴黎军事学院毕业时不过是炮兵少尉；法国大革命时参加革命军，1873年率部队在土伦战役中击溃保皇复辟势力被晋升为少将时才24岁；统兵攻打意大利，不到30岁即当了东线和南线的指挥官，独当一面；任国防部长时，才仅仅40岁。

在我国军队里，许多老帅，多数不也是在二三十岁时就当了师长、军长、军团长以至方面军总指挥了吗？可见“嘴上无毛”与“办事不牢”之间没有必然联系，关键是有才与无才。套用一句古话来说：“有才不在年高，无知空活百岁。”

在这篇演讲中，大学生为了打消别人对其年轻的顾虑，先后引用了岳飞、岳云、拿破仑等多个年轻有为者的事例，以确凿而充分的事实证明年龄与才能之间没有必然的联系，对听众很有说服力。

在演讲中援引事实时，一定要真实可靠，不可虚构。你可以引用发生过的实例，帮助自己说服听众，或者引用历史事实来佐证你的论点——“以古为鉴，可以知兴替”，历史常有惊人的相似。

1937年10月11日，罗斯福总统的私人顾问亚历山大·萨克斯受爱因斯坦等科学家的委托，在白宫同罗斯福进行了一次会谈。会谈的主要目的，是要求总统重视原子能的研究，抢在德国之前造出原子弹。

萨克斯先向罗斯福面呈了爱因斯坦的长信，接着读了科学家们关于发现核裂变的备忘录，然而总统对这些枯燥、深奥的科学论述不感兴趣。虽然萨克斯歇尽全力劝说总统，但罗斯福最后还是说了一句：“这些都很有趣，不过政府若在现阶段干预此事，似乎还为时过早。”

这一次的交谈，萨克斯失败了。

第二次，罗斯福邀请萨克斯共进早餐。萨克斯十分珍惜这个机会，决定再尝试一次。萨克斯知道总统虽不懂物理，但对历史却十分精通。

“英法战争期间，”萨克斯开始谈历史，“在欧洲大陆一往无前的拿破仑，在海战中却不顺利。这时，一位年轻的美国发明家罗伯特·富尔顿来到这位伟人面前，建议把法国战舰上的桅杆砍断，装上蒸汽机，把木板换成钢板，并保证这样可以所向无敌，很快拿下英伦三岛。但是拿破仑却想，船没有帆就不能航行，木板船换成钢板船就会沉没。他认为富尔顿是个疯子，把他赶了出去。历史学家在评价这段历史时认为，如果拿破仑采取富尔顿的建议，19世纪的历史将会重写。”

萨克斯讲完后，目光深沉地注视着总统。他发现总统已陷入了沉思。过了一会儿，罗斯福平静地对萨克斯说：“你胜利了！”萨克斯激动得热泪盈眶，他明白胜利一定会属于盟军。

引用史实，可以借助史实无可辩驳的说服力，引导听众自己从中得出结论，让演讲生动形象而且引人入胜。

3.亲身经历更有说服力

一般来说，自己亲身经历的事，或自己为之感动的事，最具说服力和感染力。许多人在电视上看过抗洪英雄事迹报告会，英雄们声情并茂的演讲，不但使现场听众受到感染，流下热泪，也感动了电视机前的更多观众。

英雄们的事迹之所以那么激动人心，是因为他们亲身经历了那一场生与死的搏斗，并亲眼目睹、亲身体验、亲自感受到了伟大的抗洪精神，他们的激动是发自内心的，所以他们的演讲是最感人的。

一个好的演讲者，往往会把自己亲身经历的事例加工成演讲的素材，为听众现身说法，因为亲身经历的事例最真实，最有说服力，因而更能打动人。

2008 年 6 月 7 日是高考的日子。在震后临时组建的都江堰第四中学，央视主持人白岩松应邀为这批推迟考试的学生加油鼓劲。当时他发表过这样一篇精彩的演讲。

同学们，今天，你们比全国其他地区的考生都提前考了一门课——如何面对磨难和突如其来的打击，而且大家都得了高分。

不管你们是在高三，还是在将来的人生道路上，磨难和突如其来的打击，永远都是一门功课。

在我 8 岁的时候，父亲去世了。10 岁的时候，从小带我的爷爷去世了。当时，妈妈带着我和哥哥三人相依为命。我们家在东北一个很偏远的小城，冬天，大家知道东北有多冷，我们家最高温度是零上 5 度。由于生活窘迫，安不上自来水，每天要去 200 米之外的地方挑水，我 11 岁就开始干这个活儿。

当苦难和打击已经过去之后，回过头来看，这些情景都会带有一种温暖的颜色。我相信很多年之后，你们再回忆起这样一个临时组成的班级、学校，还有一起面对苦难的同学们，你们会觉得，回忆中更多的是温暖，而不是眼前的痛苦。

我相信，如果没有这场地震，高考的时候，可能家长都会在校门口等你们。上大学的时候，他们会送你们。有了这场地震，相信你们不会了，你们已经学会了自己去成长，自己去前进。你们比同龄人更快地更好地向前跑了一步，你比他们已经有了更多的优势，不是吗？

白岩松的演讲获得了阵阵掌声，说服了在场的很多同学。他的演讲之所以成功，就在于他在演讲中现身说法，大谈自己曾经经历的苦难，当谈及幼年时失去亲人的痛苦与感悟时，在地震中失去亲人的同学们都深有同感。

我们再看另一篇演讲。2008年4月16日，有“当代福尔摩斯”、“华裔神探”美誉的著名国际刑侦专家李昌钰博士，来到某大学为同学们作一场题为《使不可能成为可能》的演讲。

他以自己的亲身经历对大家讲道：

……

其实我这一辈子一直在尝试做一件事，那就是尽量使不可能成为可能。

人的一生就像一个漫长的爬坡，有着高低起伏，高的时候不应该骄傲，低的时候也不要气馁。我出生在江苏省如皋县，很小的时候就来到台湾，父亲在我年幼时就去世了，妈妈独自抚养了我们兄弟姐妹13人。在我眼中她是世界上最伟大的女性，中学都没毕业的她要求我们13个人，人人都要拿到大学学历，攻读博士学位。很多人问我一生最敬佩的人是谁，我说是我妈妈；最怕的是谁，我说也是我妈妈。到了台湾之后，家里从很有钱到一无所有，我念中学的时候就开始送报纸养活自己，念大学的时候，没有钱交学费。当时在台湾，只有军官大学和警官大学读书不要学费，于是我便去了警官大学念书。

我从警官大学毕业后，在台北市警察局服务，当时侦破案件很简单。有一次破案，我们抓了7个嫌疑犯，一开始，大家都不招供，于是就把7个人都带到后面小房间，5分钟之后出来，7个人都招了，但招了也不知道是真是假，我们破的案比实际发生的还要多，其实中间有很多人是被逼打成招的。

所以我一直在思考，除了刑讯之外，是不是有其它科学的办法可以破案。

后来我带着全部家当50美金去美国留学，不会讲英文，和我太太去闯天下。到了美国才发现，美国不是想象中的那样满地黄金。在美国要出人头地有两个途径：一是出身名门贵族，例如姓肯尼迪或者洛克菲勒；第二个办法就是“勤俭敬业，努力工作”，我在纽约医学院做研究员，每天工作到半夜三更、在餐馆端盘子、教中国功夫……什么都干过。

……

我在美国开始重读大一，很多人都很不理解，因为如果在台湾，我大概可以念研究院了。但是我觉得自己根基不好，尤其是英语，讲得十分不流利，所以我决定从头开始学习。我以两年半的时间修完了四年大学课程，获得纽约大学生物化学及分子化学硕士、生化博士学位。打破了纽约大学历史，从来没有一个人一年拿到博士学位。并非我考试作弊，这都是我辛勤工作的结果！中国人最优秀的传统美德就是勤劳。

……

“There is no obstacle that can not be overcome if they persist and believe.”人生最重要是“坚持”，是“相信”，任何困难都可以克服。人生有高有低，有痛苦有快乐，这样才叫人生，假如太平淡了，那也不是人生了。

李昌钰讲完后，台下掌声如雷。在演讲中，在台上，李昌钰将发生在自己身上的故事，将自己早年在国外求学和工作所积累的成功经验，如实地讲给同学们听，不仅增加了演讲的说服力和可信性，还拉近了和听众的距离。

在演讲过程中，为了能够有效说服听众，可以结合自己的亲身经历，向听众现身说法，这比在台上空谈理论效果更明显，也是一种说服听众的好方法。

4.引经据典以增强说服力

经典之所以为“经典”，是因为这些道理与观点经受了时间长河的洗礼，被证明是权威的、令人信服的。因此，经典的说服力几乎是不容质疑的。正是因为经典有巨大的说服力，所以经常被很多高明的领导引用在演讲中，以增加自己演讲的说服力。这种引用，我们叫引经据典。

2008年5月，俄罗斯新任国家元首梅德韦杰夫到北京大学演讲。面对600余名北京大学师生代表，他阐述了未来俄中发展战略合作关系的设想和希望。这位被称为“好”引经据典的元首，在演讲中不时引用中国传统文化经典，例如《论语》中的“学而时习之，不亦乐乎”，还有老子的“使我介然有知，行于大道，唯施是畏”。

甚至中国的俗话也被梅德韦杰夫引用到演讲中：

“中国有句话，‘长江后浪推前浪，一代新人换旧人’。高等学府培养一代代学者和思想家，他们肩负着科学、经济、政治、文化领域创造新成就的责任。”

梅德韦杰夫旁征博引，引经据典，赢得了北大学子们如雷的掌声。

深得民心的温家宝总理，也是一个爱好并且善于引经据典的高手。我们经常能在他的讲话中找到一些经典的影子。比如2006年他在人民大会堂回答中外记者提问时，就引用了数条古语、诗文和典籍。如：“思所以危则安，思所以乱则治，思所以亡则存。”这句话出自《新唐书·魏徵传》，意为告诫人们要增强忧患意识，居安思危，表明了他对当前中国所面临的现状有着清醒的认识。还在回答有关两岸关系的问题时，温家宝说：“中国有一句古话，叫做‘得道者多助，失道者寡助’。”

温家宝总理在回答中外记者提问时引经据典，言简意赅，让人们再次领略了一个学以致用、严谨细致的大国总理的风采。从演讲技巧上来说，这也给我们带来了一个启示：历史上一些经典的古语、诗文，经千百年锤炼，流传民间，成为永恒的真理，是我们中华民族宝贵的思想财富。很多东西不但过去管用，现在适用，将来仍然可用。温总理善于运用这些听众耳熟能详的经典思想启迪人们，值得各位演讲者用心学习。

中华文化源远流长，历史的长河中留下了无数璀璨的经典。作为演讲者，只要你在演讲前稍加留心，找到一些支持自己论点的经典语句并不难。不过，值得注意的是：引经据典时要尽量避免那些晦涩的、生僻的语句，尽量选择那些听众一听就明白的语句。否则，再有价值的经典语句，大家不明白其意义也是枉然。如果你为了解释这些经典不得不费尽口舌，更是不智。

此外，引用经典要自然，不可突兀生硬，也不要过于频繁。过于频繁地引用，容易给人造成吊书袋、卖弄学问的嫌疑。

5.引发听众情感共鸣

古人说:“感人心者莫先乎情。”又说:“情不深,则无以惊心动魄。”一场饱含深情的演讲,足以让听众完全投入其中,任由演讲者“摆布”。

在阿布拉罕·林肯(美国第十六任总统)还是一个年轻的律师时,他接手了一桩棘手的案件。这个案件的棘手之处在于,被代理人除了自己的证词之外,没有其他任何旁证来证明自己。案件的来龙去脉是这样的——

一个老妇人将一名出纳员告上法庭。老妇人是美国独立战争时期一位烈士的遗孀,每个月靠领取抚恤金维持生活。不久前,当她像往常那样去领取抚恤金时,出纳员竟要她交一笔手续费。这笔手续费差不多是抚恤金的一半,这种勒索让老妇人无法忍受,便愤而将出纳员告上了法庭。

这样的案件,没有律师愿意担当代理。其原因在于,姑且不论律师能够获得多少代理费,单凭她“一面之词”式的控告,就让许多律师头疼,这种控告没有任何胜算。林肯接下了这个案子,他的同情心使他无法拒绝。

打官司光靠律师的同情心是打不赢的。林肯深知这一点,因此他在事前作了周密的准备。开庭那天,被告对于老妇人的指控矢口否认。这个狡猾的出纳员是口头上进行勒索,没有留下任何凭据。情况看上去对林肯这方很不利。

轮到林肯发言了。他并没有一上场就义愤填膺地指责出纳员,而是用低缓深沉的声音,把听众引入到美国独立战争的回忆,述说爱国志士们是如何忍饥挨饿地在冰天雪地里战斗,直到为自由而洒尽最后一滴鲜血。说到动情处,林肯眼里饱含泪水。

等到法官、陪审团与听众都沉浸在感动之中,林肯话锋一转:“如今,所有的事实都已成为故事。1776年的英雄,早已长眠于地下,可是他们的那些衰老而又可怜的遗孀,还生活在我们身边。此刻,她们中的一位老人站在这里,这位老人曾经是位体态轻盈、声音曼妙的美丽少女,现在她变得贫穷和无依无靠。她没有办法，不得不依靠作为烈士的丈夫带来的那一点菲薄的抚恤金过日子。但这一点，她也得不到保证，她现在只得向享受着先烈们争取来的自由的我们请求援助和保护。试问，我们能熟视无睹吗！？”

——在林肯如此动情的演说下，谁能熟视无睹呢？结果是：在没有其他旁证的支持下，法庭通过了保护烈士遗孀不受勒索的判决，确保了所有烈士遗孀今后再也不会遇到类似的勒索。

强烈感情的作用是巨大的，甚至于可以不用开口，就能征服你的听众。

记得在一部反映美国独立战争的电影中，一场残酷的攻坚战将要在荒原上展开，所有的将士都知道这一仗无比凶险，无数战友将会有去无回。

将军最后一次检阅了他的部队。他从一队整齐的方阵前缓缓走过，眼里噙着泪水，注视着他眼前如儿子般年轻的脸庞，似乎要将每一张脸都锲刻在脑海。

这名将军自始至终没有说一句话，但他的举动震撼了每一位士兵的心灵。士兵们发出震耳欲聋的的喊声："自由万岁！"

在将军的挥手之下，士兵们如猛虎般朝敌阵发起了攻击。在那场决定整个战争胜负的惨烈战役中，他们发起一次又一次的冲击，终于用鲜血凝成了胜利。

将军没有开口，但却的确做了一次深情的演讲。从这个极端的例子中，我们更能体味到情感那无与伦比的力量。

可以说，成功的演讲者都是情感丰富者。这种情感发自演讲者的内心，具有极强的感染力。没有演讲者的情感投入，就不会有听众的情感付出。没有演讲者的情感变化，也就难以激起听众的层层情感波澜。

在美国南北战争之后的一次竞选中，参加过战争的一位士兵约翰·爱伦，和参加过战争的陶克将军竞选国会议员。陶克将军在战争中功勋卓著，战后曾任过三次国会议员，爱伦则显然处于劣势。然而经过一场竞选辩论后，爱伦却击败陶克取得了胜利。我们来看看爱伦是如何做到的。

陶克将军在竞选时说：

"诸位同胞们，记得就在17年前的今天晚上，我曾带兵在茶座山与敌人激战，经过激烈的血战后，我在山上丛林里睡了一个晚上。如果大家没有忘记那次艰苦卓绝的战斗，请在选举时，也不要忘记那些吃尽苦头，风餐露宿而屡建战功的人。”

陶克将军列举自己的战绩，想唤起选民对他的充分信任。果然激起了一阵掌声和欢呼声。

轮到爱伦演讲了，他用饱含感情的声音说：

“同胞们，陶克将军说得不错，他确实在那次战争中立了奇功。我当时是他手下的一名无名小卒，替他出生入死，冲锋陷阵。这还不算，当他在丛林安睡时，我还携带着武器站在荒野之上，拼尽全力来保护他。”

他的语音一落，立即引起了选民们更加热烈的掌声。

爱伦作为一名参战的士兵，在竞选中要和将军比战功，显然会处于劣势。所以爱伦避开战功不谈，只选取了战争年代在山上露宿这一个小小的片段。通过这个片段，他让选民们明白了：将军赫赫战功其实是由千万个和自己一样默默无闻的小兵汇成的。他还用事实说明：在战争年代小兵们，比将军更艰辛与危险。显然，这些话更能打动同样默默无闻的选民。更巧妙的是，他的话中没有半句诋毁将军战功的词。

值得各位读者注意的是：作为演讲者，在台上运用饱含情感的演讲时，要注意尺度与收放。你不能让感情泛滥得一塌糊涂，不能自已。想象一下，一个演讲者在台上伤心地号啕大哭，或高兴得笑岔了气，会是一个什么样的局面？

6.谦逊诚恳的态度

某报刊登过这样一篇报道：兰州市静宁路小学进行过一个实验，将45名被认定为“朽木”的顽童集为一个班，交给特级教师谢瑞管教。两年之后，45名孩子全部考试合格，从小学进入中学，其中约三分之一的学生还成了优等生。谢老师成功的秘诀，就是把孩子当成朋友。她对孩子们说的第一句话是：“我是你们的朋友，能够说悄悄话的朋友！”

陈开枝任广州市副市长的时候，曾在一次晚会上动情地说：“我也是个打工仔，是广州600万市民的打工仔。”话音未了，便赢得满场掌声。

为什么诚恳谦逊的举止态度容易说服人、感动人呢？“诚恳的举止态度，往往能感动他人，使他变得和你一样诚恳，”莎士比亚这句话，也许就是最好的答案。

在演讲当中，谦逊诚恳的“良言”是吸引听众、感动听众、说服听众的“蜜”，而傲慢无礼的“恶语”，则是令听众反感的“毒”。俗话说，良言一句三冬暖，恶语伤人六月寒。这句话用季节的冷暖同人情的冷暖作对比，揭示了人际关系中的一个普遍道理，即一句善良有益的话，能使听者心里暖融融的；相反，一句伤害别人感情和自尊心的恶言恶语，会使听者心里冰凉冰凉。

日本前首相田中角荣出任大藏大臣时，大藏省内部官员开始对他有些顾虑，因为他们一向认为出任大藏大臣的人必须具备四个条件：

一是副总理级人物。

二是对财政金融有一定经验和知识。

三是有一定的辈分。

四是对各省和各党的要求敢于说“不”字。

在这四个条件中，田中角荣一样也不具备。但田中角荣很明白，诚恳和谦逊是他取得大家信任并在政界站稳脚跟的法宝。因此，他在走马上任的演讲中，表现出极其诚恳谦逊的态度，他讲道：

各位都看到，我是一个学识有限的人。幸而各位都是全国的优秀人才，让我也用最大的努力来学习一下。希望大家痛痛快快地工作，责任全部由我来负。

通过这次演讲，田中角荣诚恳谦逊的举止态度，赢得了大藏省官员们的信任和支持，从此，他在政界也站稳了脚跟，成为影响日本历史的政治人物。

林肯也懂得用谦逊诚恳的良言说服听众。1858年，林肯到伊利诺州作竞选演讲。当时，伊利诺州有一群坏蛋预谋要捣乱会场。他们放话说：“如果林肯敢来演说，宣传奴隶解放，就将他赶出会场，置他于死地！”

坏蛋的威胁，林肯并没有放在心上，而是自信地表示：“只要他们肯给我一个说几句话的机会，我就可以把他们说服。”

在演讲中，林肯是这样说服他们的：

南伊利诺州的同乡们，肯塔基州的同乡们，密苏里的同乡们！

听说在场的人群中，有些人要和我为难，我实在不明白为什么要这样做。因为我也是一个和你们一样善良而爽直的平民，为什么我不能和你们一样有发表意见的权利呢！

好朋友们，我并不是来干涉你们的，我也是你们中间的一个人。我生在肯塔基州，长在伊利诺州，和你们一样，是从艰苦的环境中挣扎出来的。我认识南伊利诺州的人和肯塔基州的人，我也想认识密苏里的人，因为我爱你们。他们如果真的认识了我，他们就会知道我并不想做一些对他们不利的事情。同时，他们也决不再想对我做不利的事情了。

同乡们，请不要做这样愚蠢的事了。让我们大家以朋友的态度来交往。我立志做一个世界上最谦和的人，决不会损害任何人，也决不会干涉任何人。

我现在对你们诚恳要求的，只是请你们允许我说几句话，并请你们静心听着。你们是勇敢而豪爽的，这一点要求我想一定不致遭到拒绝。现在让我们诚恳讨论这个严重的问题……

这次演讲极具说服力，把紧张敌对的情绪平息了。那些企图捣乱的人，不但没有捣乱，还对林肯的演讲大声称赞，并成了他的好朋友。据说，林肯后来当上总统，也是得得这里群众的支持和赞助。

从林肯的演讲中可以看出，他说服听众的妙招，就是对听众诚恳、谦逊的态度。其诚恳谦逊表现在几个方面：一是认听众为同乡，二是把听众当成朋友，三是把自己当成听众中的一员，四是相信听众有理智，五是称赞听众。

演讲家卡耐基曾研究过林肯的演讲，认为林肯虽然有演讲的天赋，但最重要的，还是他能够用诚恳谦逊的语言说服自己的听众。

我们要向那些优秀的演讲者学习诚恳和谦逊，将他们的经验运用到演讲以及生活中，就会获得极大的成功。

7.先扬后抑的技巧

很多人都喜欢别人赞扬自己，如果演讲者在九分的赞扬中穿插一分的劝诫，听众自然会被说服，这就是先扬后抑法。与此类似的方法还有先利后害、先喜后忧、先远后近、先顺后逆、先退后进、先纵后擒等。

先扬后抑的演讲词，有助于消除听众的固执和怨恨，说服听众接受演讲者的劝告和观点。例如，某地洪水来临之前，乡长为了劝告村民离开家园，在演讲中，他先后运用了先扬后抑、先利后害、先荣后辱的方法。

他首先赞扬大家说：

我相信你们有能力！如果水涨三尺，我们能筑堤三尺；浪高一丈，我们能筑堤一丈！我们不是孬种，不是狗熊。

然后乡长才告诫村民说：

如果我们在本地筑堤，就会危及主堤！主堤出了问题，我们将一辈子耻辱，将会被人所不齿，再也没有脸活在世上，上辱祖宗，下辱子孙。

乡长慷慨激昂的演讲震撼了村民。这一番先扬后抑、先利后害的忠言，终于说服了大家，很多人开始陆续撤离家园。

在莎士比亚的《凯撒》剧中，围绕凯撒被杀事件，剧中人物布鲁达士和安东尼各有一场精彩的演说。布鲁达士为了说服听众相信自己杀死凯撒的正义性，他对罗马国民作了如下演讲。

罗马国民，爱国诸君：

请你们静听我的辩论，然后请诸君公平地判断。

如果在场诸君中，有人说“凯撒是我的亲友”，那么我必定大声疾呼，告诉诸君说：“我布鲁达士对凯撒的爱，比诸君对凯撒的爱胜过百倍！”如果又有人问我说：“那么你为什么杀死你亲爱的凯撒呢？”我必定回答说：“因为我布鲁达士之爱罗马国，比我之爱凯撒又胜过百倍！万倍！”

凯撒多活一天，我和诸君就要多做一天奴隶；凯撒早死一天，我和诸君就早一天做自由的国民。诸君愿意做奴隶呢？还是愿意做自由国民呢？请诸君自己想想吧！

我向着凯撒哭，因为凯撒爱我；我替凯撒欢喜，因为他可以趁着好机会去依靠上帝；我们看中凯撒，因为他有拔山盖世的力气；我杀凯撒，因为他怀着野心，剥夺罗马国民的自由权，自己想做大王……

在这次演讲中，布鲁达士以爱国民为由，说明自己杀凯撒的正义性。不明真相的听众一时相信了他的话，对他欢呼喝彩。

轮到安东尼演讲的时候，他很清楚形势对他非常不妙，因为听众对布鲁达士的话已经深信不疑。如果一开始就与布鲁达士针锋相对，揭露他说的假话，肯定会令听众反感，甚至会被听众轰下台，所以，安东尼采取了“先扬后抑”的战术。

他在演讲中说：

我今天来，是来安葬凯撒，并不是来赞扬他的功德的。我看人生在世，‘好事入泥沙，坏事传千古。’这句话无疑是为凯撒说的。布鲁达士是一个高尚的人，他告诉你们，说凯撒野心勃勃，如果真是如此，自然是凯撒的大错。凯撒已死，也算是已偿了他的债了，所以我得在凯撒的灵前说几句话。

安东尼“先扬后抑”的演讲，让在场的听众沉静下来，大家都认真地听他往下讲。这时，安东尼才向布鲁达士“凯撒有野心”的谬论进行反驳。

有野心的人应该是用一种无情的材料做成的，而凯撒曾把无数俘虏带回罗马来，他们的赎金全部都充实了我们的国库；在那些贫苦的人们哭泣的时候，凯撒也落泪了；我三次把一顶王冠献给他，而他三次都拒绝了。所以，凯撒没有野心！

安东尼的推断在听众中马上引发剧烈反响，大家这才恍然大悟。他们纷纷认为，凯撒受了很大的冤枉，他不是一个有野心的人。就这样，布鲁达士“杀死凯撒是正义的行为”这个荒谬的说法被揭穿，安东尼终于说服了听众。

看来，想要说服你的听众，在演讲中先扬后抑，不失为一种很好的方法。

8.增强说服力的其他方法

如何在演讲中增强说服力呢？除了前面提到的一些方法，以下几个方法也颇为有效。

1. 提供可靠数据

说服别人需要证据，而证据有好多种，其中来源可靠的数据，就是有力的证据之一。一个数据有时胜过千言万语。比如说，当我们强调抽烟对身体健康的危害，如果只是一直强调：“千万不要抽烟，抽烟容易得肺癌！”这种说法就很难说服别人。但是如果我们换一种说法：“根据调查，抽烟者患肺癌的几率是不抽烟者的 10 倍。”抽烟的危害性立即就变得不言而喻。

人际沟通与演讲大师卡耐基认为，数据一般来说非常枯燥，因此我们应该用生动、鲜明的语言来说明这些数字。

他曾在演讲中举例说：

在每 100 个接通的电话当中，有 7 个是超过 1 分钟才来应话。这表示，每天约有 28 万分钟就这么浪费了。这样经过 6 个月，纽约因为迟接电话所浪费的时间，几乎是自哥伦布发现新大陆以来所有的工作日。

看，枯燥的数据，在卡耐基的口里就这样鲜活起来了。

2. 利用示范制造效果

要想说服听众，你也需要在现场做示范，如此就能吸引听众的注意力。还是以吸烟为例，除了引用统计数字，如果你拿出一张薄薄的卫生纸，然后对着卫生纸吹一口烟气，然后展示卫生纸上留下的淡淡印子，然后你再宣讲吸烟危害健康，会比你只用描述的方式更有说服力。

也许一口烟看起来没有什么影响，但是，如果朝卫生纸吹上几千口烟气，沾满烟油的卫生纸就会黑掉。我们的肺就像那张卫生纸，如果长年累月抽烟，肺不知道会变成什么可怕的模样。

通过这个示范动作，吸烟的危害一目了然，拒绝吸烟就变得更易为人接受。

3. 做一个好的类比

很多人在演讲时，所讲的题材可能比较抽象，听众未必能听懂，那么该怎么说才能让听众明白呢？事实上，类比是一种很好的说服方式。

有一个人在演讲的时候，把铅笔、橡皮擦和钉书机都放在杯子里，再解释他所做的行业就是为客户提供完整而稳定的系统服务，可以把很多资料放在系统中，而且资料不会错乱，就像杯子中可以摆进各种文具一样。这样类比，是不是更容易让听众理解呢？

4. 引用专家证言

商家为了做广告，通常会邀请名人代言，因为名人在社会上有一定的公信力，大家也比较容易信任他们说的话。在做演讲时，也可以“请名人代言”，其实就是用名人说过的话来证明自己的观点。

5. 去说服听众的眼睛

我们常说“眼见为实”。如果演讲者能在演讲现场准备一些道具，去说服听众的眼睛，听众就会更加相信你。

七七事变后，日军的铁蹄在中华大地肆虐，所到之处尸横遍野，中华民族从此陷入了长达八年的血战之中。

1938年秋天，冯玉祥将军到湖南益阳县城，向几万军民发表演讲，鼓励他们精诚抗日。冯玉祥将军出场时，左手握一根树枝，将一个草编的鸟窝放在树枝间，鸟窝里还有几个鸟蛋。

台下的人不知冯玉祥拿这个干什么。这时，冯玉祥将军开口说话了，他说："大家知道，先有国家，然后才有小家，才有个人的生命保障。我们的祖国遭到了日本帝国主义的侵略，我们都要用自己的双手保卫她，那就是起来抗日。如果不抗日，"说到这里，他手一松——树枝落地，鸟窝摔了，鸟蛋破了！

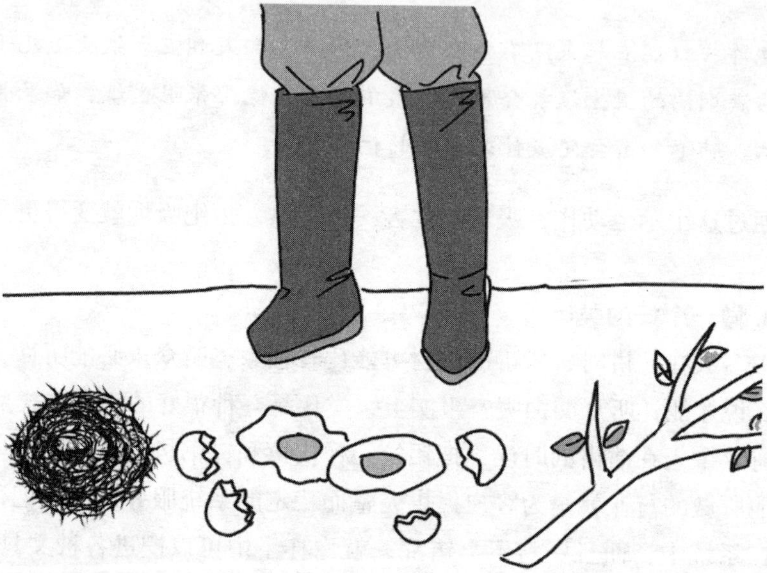

古人云：覆巢之下，焉有完卵。地上破碎的鸟蛋让听众联想到自己的命运，顿时大家热血沸腾，群情激昂。在这里，冯玉祥将军把树枝比作国家，把鸟窝比作家庭，把鸟蛋比作个人，把握着树枝的那只手比作捍卫国家的人。既运用了我们所说的类比说服法，又借助了视觉上的效果，将大家重于小家的观念有力地传播出去，非常具有震撼力和说服力。

9.看亚历山大如何说服部下

亚历山大大帝（公元前356–前323），马其顿国王，杰出的军事家和政治家。少年时师从著名哲学家亚里士多德，醉心于荷马史诗中的英雄人物。

公元前336年，亚力山大继承其父腓力二世的王位，时年20岁。稳定国内局势之后，公元前334年，他以马其顿、希腊联军最高统帅的身份，组织了对东方的大规模远征，即闻名世界的亚历山大远征，历时10年。

他夺取了叙利亚和埃及，征服了强大的波斯帝国，并南下侵入印度，占领了印度西北的广大地区，时值公元前327年。

就在亚历山大东征事业如日中天，雄心勃勃准备继续东进时，军队哗变。长期征战，已使部属们厌倦，而印度的炎热、暴雨和疾病，加重了士兵的厌战情绪，于是他们拒绝前进，要求回家。这篇演讲，就是在哗变发生后亚历山大对部属们发表的。

马其顿同胞们，现在我并不是要阻挡你们回家的愿望。就我个人来说，你们愿意上哪儿去都可以。但是，你们应当想想，假如你们就这样走掉，那你们究竟算是怎样对待我的呢？而我又是怎样对待你们的呢？因此，我打算先从我父亲腓力说起，这是应该的，也是适当的。

腓力起初看到你们的时候，你们不过是些走投无路的流浪汉，大多数人只穿着一张老羊皮，在小山坡上放几只羊。为了这几只羊，还常常和边界上的伊利瑞亚人、特利巴利人和色雷斯人打个不休，而且往往吃败仗。

后来，是腓力叫你们脱下老羊皮，给你们穿上大衣，把你们从山里带到平原上，把你们训练成能够对付边界敌寇的勇猛战士。因此，你们才不再相信你们那些小山村的天然防卫能力，而相信你们自己的勇气。

不仅如此，他还把你们变成城市的居民，用好的法律和风俗把你们变成文明的人。腓力使你们当上原先那些欺压你们、抢劫你们财物和亲人的部落的主子，再也不当他们的奴隶和顺民。他把色雷斯大部并入了马其顿版图，夺取了交通便利的沿海城镇，给你们的家乡带来了商业，使你们能安全地开发自己的宝藏。然后，他又让你们当上多年来叫你们怕得要死的色雷斯人的老太爷，他还制服了福西亚人。

从你们家乡通往希腊的道路原来既窄又难走，后来他把它开成又宽又好走的大路。过去，雅典和底比斯一直在伺机毁灭马其顿，但他后来降服了他们。我们马其顿不再向雅典和底比斯交纳贡赋，相反，他们现在必须争取我们的允许才能生存。现在，我们大家正在分享我父亲腓力的这些功业。

后来他又进入伯罗奔尼撒，把那个地方的人也搞得服服贴贴。然后，他被宣布为全希腊的最高统帅，远征波斯。他赢得这么高的威望，并不只是为了他自己，主要还是为了马其顿。

我父亲为你们大家完成的这些崇高的事业，就其本身而言，确实是很伟大的；但跟我的成就相比，不免显得渺小。我从我父亲手里继承下来的，只有几只金杯银碗，还有不到60塔仑的财宝，可是他欠的债务却多达500塔仑。后来，我自己又借了800塔仑。当时我们的国家不可能让大家过舒适的生活。

就是从这样的起点，我带领你们出发，开始远征。虽然当时波斯人是海上霸主，但我还是一举打通了赫勒斯滂海峡。然后，又用我的骑兵打垮了大流士的许多督办，于是就在你们帝国的版图上加上爱奥尼亚和伊欧利亚的全部区域，福瑞吉亚和利地亚；米莱塔斯是在我的围攻之下夺到手的；其余各地都是投降的。这些胜利果实我都和你们分享。

对于埃及和西瑞尼，我不费一枪一箭就拿到手，那里的东西都归你们。叙利亚盆地、巴勒斯坦和美索不达米亚现在也为你们所有。巴比仑、巴克特利亚和苏萨也属于你们。利比亚的财富，波斯的珍宝，印度的好东西，还有外边的大洋，通通归你们所有。你们有的当了督办，有的当了近卫军官，有的当了队长。

在经历这么多的艰难困苦之后，留给我自己的，除了王位和这顶王冠之外，还有什么呢？除了你们已经占有的和我为你们保存的东西以外，谁也指不出我还有什么财产。我并未为我个人保留什么东西。因为我跟你们吃一样的饭，睡一样的觉——不，对于你们当中有些人，我很难说我跟他们吃的东西一样，他们吃得可讲究呢！我还知道，我每天比你们起得早，为的是让你们安安静静地在床上多睡一会儿。

可是，你们也许认为，当你们忍受劳累和痛苦的时候，我自己则是轻闲自在地坐享其成。但我要问，你们当中有谁真正感觉为我受的苦和累比我为他受的还多呢？或者，你们当中那些负了伤的人，不论是谁，可以把衣服脱下来叫大家看看，我也脱下来叫大家看看。我的全身，至少是前面，没有一个地方没有伤疤。没有一种武器——不管是近距离的还是远距离的，不曾在我身上留下伤痕。这是事实！

在肉搏中我挨过敌人的刀，不知道挨过敌人多少箭，还受过弹弓子弹的打击，棒打、石击则更是不可胜数。这一切都是为了你们，为了你们的荣誉，为了你们的财富。

我带着你们以胜利者的姿态走遍陆地、海洋、河流、山脉和平原。我结婚，你们也结婚。你们中许多人的孩子，将和我的孩子结为血肉相连的亲戚。还有，对你们当中有些人欠的债，我不是好管闲事的人，都未加追究。而你们的薪饷确实也够高，每当攻下一个城镇时，你们都分了那么多战利品。

我实在不明白你们怎么会欠下公家的债。但我不管这些，而是把你们欠下的债务通通一笔勾销。而且，你们大多数都得到了金冠。这是你们英勇功勋的纪念，也是我对你们关怀爱护的象征，是永远磨灭不了的纪念品。不论谁牺牲了，他的死都是光荣的，葬礼也都是隆重的，多数烈士还在家乡立了铜像，其父母受到尊敬，还豁免一切捐税和劳役。

自从我率领你们远征以来，还没有一个人是在溃逃中死掉的。现在，我本来打算把你们当中那些不能再参加战斗的人送回家乡，成为乡亲们羡慕的人，但是既然你们都想回家，那你们通通都走吧！

到家之后，告诉乡亲们，就说你们的国王亚历山大打败了波斯、米地亚、巴克特利亚、萨卡亚，征服了攸克西亚、阿拉科提亚和德兰吉亚，当了帕西亚、科拉斯米亚以及直至里海的赫卡尼亚的主人。

他曾越过里海关口以远的高加索山，渡过奥克苏斯河和塔内河，对了，还有除了狄俄尼索斯之外谁都未曾渡过的印度河，还有希达斯皮斯河、阿塞西尼斯河、布德拉欧提斯河。如果不是因为你们退缩的话，他还会渡过希发西斯河；他还曾由印度河的两个河口闯入印度洋，越过了前人从未带着部队越过的伽德罗西亚大沙漠；在行军中还占领了卡曼尼亚和欧瑞坦地区；当他的舰队由印度驶回波斯海时，他又把你们带回苏萨。

我再说一遍，你们回家之后，告诉乡亲们，就说你们自己总算回了家，但把国王扔下了，把他扔给你们曾经征服过的那些野蛮部族。当你们当众宣布这件事的时候，毫无疑问，这在人世间一定算得上“无上的光荣”；在老天看来，也一定够得上“虔诚无比”。你们走吧！

当如日中天的事业却要突然面对无以为继的现状，昔日并肩作战的士兵纷纷要离开自己时，亚历山大悲凉的心情是可想而知的。

演讲开始，亚历山大回忆马其顿的崛起过程，历数父亲腓力二世的丰功伟绩，并陈述他本人东征的卓越功勋。自征战开始以来，他自己以身作则，克己奉公，吃苦在前，从不享受，对部将多有爱护，宽谅他们的缺点，甚至免除他们的公债。他做这一切，无非是希望大家精诚团结，勇往直前。亚历山大对这些昔日的战友动之以情，晓之以理，用大量的事实来说服和感化马其顿人。

亚历山大演讲结束后，士兵们还呆立在那里，既不言语，又不动作，也不想走开。第二天，只有约 1 万名不宜继续服役的马其顿士兵，踏上了回家的路程，大部分的士兵则选择继续留在印度。

第5章 强烈的感染力从何而来

强烈的感染力，是成为出色演讲家的必要条件之一。本章中主要介绍了使演讲充满感染力的技巧，以及如何利用语句的声音、强度、变化、速度，将你的感情融入到演讲中，展示给听众。

哲学家弗里德里希·尼采有句名言："对语言的理解不仅仅限于词句，而是连同语句的声音、强度、变化、速度——一并表达出来——简而言之，就是言语背后的音乐，就是发自内心的激情。"

将激情注入到演讲中去，不止演讲者乐在其中，还会把听众也带到演讲内容的奇妙世界里。而激情，是每个人天生都具备的。正如著名演讲家卡耐基所说，"每个人只要会说话，就一定能成为出色的演讲家。"强烈的感染力，就是成为出色演讲家的必备条件之一。

1.激情是最好的感染力

美国最有说服力的演讲家之一赫尔顿·丁辛主教，在他的《人生的价值》一书中说：我在大学时代，曾被选为辩论会的代表。开赛之前，指导教授对我表示了极大不满，他说我是不可救药的学生，学校有史以来也不曾有比我更难对付的人物。我反问教授：那为什么会选我当代表呢？教授说是因为我富有思考力，但缺乏辩才。经过两小时的练习，我终于发现了存在的问题：我说的话缺乏诚意，没有表现出个性，而且心不在焉。

此刻对于丁辛主教来说，无疑是终生难忘的教训，而正是这件事，使他真正体会到说话的真谛，即将自身真实的、充满激情的自己——投入所演讲的主题之中去，让主题激励自己。

什么是感染力呢？感染力就是通过你富有激情的演讲，把听众带到你所演讲的那个情景世界中。

林肯在葛底斯堡的演讲，是美国内战期间，林肯为纪念在葛底斯堡战役中阵亡战士所做的一篇演讲。这是林肯最著名的演讲，也是美国文学中最漂亮、最富有诗意的文章之一。演讲用时不到 3 分钟，而掌声却持续了 10 分钟。林肯的这篇演讲被译成中文，也不过 400 字。

87 年前，我们的先辈在这个大陆上创立了一个新国家，它孕育于自由之中，奉行“一切人生而平等”的原则。

我们正从事一场伟大的内战，以考验这个国家，或者任何一个孕育于自由和奉行上述原则的国家，是否能够长久存在下去。我们在这场战争中的一个伟大的战场上集会，烈士们为使这个国家能够生存下去，献出了自己的生命。我们来到这里，是要把这个战场的一部分奉献给他们，作为他们最后的安息之所。我们这样做是完全应该，而且是非常恰当的。

但是，从更广泛的意义上说，这块土地我们不能奉献，不能圣化，不能神化。那些曾在这里战斗过的勇士们，活着的和去世的，已经把这块土地圣化了，这远不是我们微薄的力量所能增减的。

我们今天在这里所说的话，全世界都不会太注意，也不会长久地记住。但勇士们在这里做过的事，全世界却永远不会忘记。毋宁说，倒是我们这些还活着的人，应该在这里把自己奉献于勇士们已经如此崇高地向前推进但尚未完成的事业；倒是我们应该在这里把自己奉献于仍然留在我们面前的伟大任务——我们要从这些光荣的英雄身上吸取更多的献身精神，来完成他们已经完全彻底为之献身的事业。我们要在这里下定最大的决心，不让这些英雄白白牺牲；我们要使国家在上帝福佑下自由地新生，要使这个民有、民治、民享的政府永世长存。

总共才400字左右的10句话，竟使1500人掉了眼泪，这就是“情”的力量。林肯真挚的感情，深深地打动了在场的听众，使他们产生了思想上的共鸣。这篇著名的演讲现在已被铸成经文，作为英文演讲的典范，存放在英国的牛津大学里。

用你的激情去感染听众！也许你没有太多可以激励自己的材料，但没关系，只要你对事物具有积极的态度，有一颗激情四射的心，你就能够感染你身边的每个人。

一个学生曾经说，他是个不善言谈的人，与人交流十分困难，只有一个人默默收集火柴盒的嗜好，于是老师引导他说起了关于火柴盒的事。老师问他，你为什么不谈谈有关火柴商标的有趣细节呢？那位学生充满了激情，大谈起来，竟变得滔滔不绝了。

热烈追求的嗜好，使得这位学生从不善言辞变得能说会道，可见激情的作用有多么大。

一个演讲主题是否能引人入胜，是否有价值，很大程度上取决于演讲者对主题拥有多少兴趣。有了兴趣，才能释放更多的激情，才能够让你的演讲更好地感染听众。就像这位学生一样，兴趣与热情让他变得能言善道，后来还周游世界，到处发表有关火柴盒的演讲，并受到听众的一致好评。所以，拥有激情，你便拥有了能够感染别人的最有力的武器。

读过《高山下的花环》的读者，谁都不会忘记雷军长在全师干部会议上“甩帽”发表的一篇演讲，那不啻于就是一场风暴。

我雷某今晚就要骂娘！

知道吗，我的大炮就要万炮轰鸣，我的装甲车就要隆隆开进！我的千军万马就要去杀敌！就要去拼命！就要去流血！

可刚才，有那么个神通广大的贵夫人，她竟有本事从几千里之外把电话要到了我的前沿指挥所！此刻，我的指挥所电话，分分秒秒，千金难买！可那位贵夫人来电话干啥？她来电话是要我给他的儿子开后门，让我关照关照她儿子。

奶奶娘！什么贵夫人，一个贱骨头！……我雷某不管她是天老爷的夫人，还是地老爷的太太，走后门？谁敢把后门走到我这流血的战场上，没二话，我雷某要让她儿子第一个扛上炸药包，去炸碉堡！去炸碉堡！

这是一篇激情四射的演讲，我们可以从字里行间清晰地看到演讲者当时那种愤怒的情绪。这样的演讲，极大地调动起了现场士兵的激情，引起了台下听众排山倒海的掌声，震撼人心，令人激动不已。

历史上，运用激情来感染听众的例子不胜枚举。孙中山如果没有推翻满清、建立共和的革命大略，他的演讲怎么会激动人心？鲁迅如果没有想揭露社会病苦，引起人们疗救的深刻意图，他的演讲怎么会震动人们的心魄？丘吉尔如果没有誓与法西斯血战到底的正义气概，他的演讲怎么会使人同仇敌忾，热血沸腾……

用你的激情来感染听众，才能让听众完全投入其中，或与你同仇敌忾，或与你共舞一曲。

前国家足球队队长左树声的自述《男人就该踢球》，就用激情感染了众多关注中国足球的人，使人们不由自主地流下眼泪。

我回家了，走出天津站不敢抬头，我老想着那标语："天津球迷进京助威！"我知道国家队一踢国际比赛，天津球迷就骑车子呼啦呼啦往北京赶。二百多里地啊！看完球，随便找个澡堂子一猫，忍一宿，第二天又要跑二百多里地。图啥？盼着中国足球冲出亚洲，走向世界呀！这时候，如果哪个球迷认出我，给我左树声两个大嘴巴，我决不还手……我想，人没有下辈子，要是人能有下辈子，我左树声还踢足球……

这些袒露个性，发自肺腑，充满热血和泪水的语言，朴实、简练、生动传神，足以打动每一个人的心。

若想让演讲打动人心，唯一的方法就是用激情感染听众！

2.演讲不是照本宣科

生活中，听众最讨厌的，就是演讲者拿着演讲稿在台上照本宣科，一字不漏地通读。内容生硬、平淡，而且尽是大话、套话，没有任何实质性的内容启迪听众，不懂得抓住听众的心理，吸引听众的注意力，这样的演讲注定是不成功的。

"味同嚼蜡"，就是对一些演讲者语言僵硬的生动描述。有一些演讲者或是官员习惯在演讲时念讲稿，打官腔，或是照本宣科，说套话乃至"正确的废话"，讲话像是念文件。

在这些人看来，可能严肃一点儿，板正一点儿，不仅不失庄重，不失身份，而且还表明自己高度重视。但从听众的角度“换位思考”，听了这样的演讲，听众会觉得话题和生活沾不上边，因而没有听下去的欲望，也就不会对这样的演讲感兴趣。

古话说，“文如其人”，其实很多时候“话”也如人。讲话水平低劣，就有可能在公众前丢面子，掉链子。讲话空洞乏味，没有性格，没有思想，没有与众不同的见解，谁爱听？

可以这么说，一个演讲者讲话的精彩程度，直接关系到群众对他的信赖程度。一个只会念稿，演讲如念经文，或云天雾地、不着边际神侃的人，不会有太多人钟情他的。

朱镕基总理之所以很快在人民群众心目当中树立起良好的威信和形象，除了他敢说、敢干，工作有力度、有办法外，很重要的一点，就是他的风度气质好，反应敏锐，讲话风趣幽默且不照本宣科，声音优美纯朴，没有一点矫揉造作，非常自然，落落大方。特别是当选总理后的几次答记者问，和到欧美的成功出访，无论是气质风度还是讲话水平，都给中外人士留下了深刻的印象，充分展示了大国总理的风采，树立了中华民族的光辉形象。

演讲不是照本宣科，不是拿一个稿子就可以上台演讲。演讲是一门语言艺术，需要演讲者以情感人，以真诚打动人。

一个成功的演讲，一定是富有感染力的。演讲者善于利用具有感召力的语言艺术去工作。或用富于哲理的语句，或用火热奔放的评论，或用激励人心的言辞，扣人心弦，激人斗志，“欲擒故纵吊口味，偶露破绽调口味，煽情点火侃口味”，如此富有感染力的演讲，自然能够激起听众的热情，增强听众的信心。

一篇好的演讲词必须是生动的，有一定的知识性，并且有时代感、针对性和创新意识。有了生动性，说出的话才能使人爱听，有吸引力；有知识性，才能让听众有所收获，在演讲中潜移默化地把观念传输给听众；说话深刻有力度，才能够给听众提供尽可能多的有价值的信息；说话有时代感，才能让语言充满生机和活力；有针对性，则是指面对不同的听众，要有所选择地进行演讲，尤其要考虑到听众的身份、年龄、职业、心理需求和接受习惯等特征。

某天晚上，演讲者哈里上台发表演讲，主题是关于华盛顿这个城市。

整场演讲中，哈里所说的内容都是一些枯燥的资料，不但他自己讲得难受，底下听众也听得无聊至极，频繁地跑卫生间。两个星期后，哈里在演讲中再一次提到华盛顿市，全场情况却大不相同。原来哈里那天刚买的新车在市中心让人给撞坏了，肇事者逃之夭夭。哈里一提到这件事，就怒火中烧，情绪激昂，表情也非常丰富。听众给了他雷鸣般的掌声．散场后则出现了卫生间拥挤的状况。

衡量一次演讲是否成功，主要标志就是看听众的注意力是否集中，评价一次演讲的成败，有一个有趣的“卫生间现象”：一场生动的、成功的演讲，会把听众的注意力紧紧抓住，使听众担心因去卫生间而漏听了精彩内容，只好散会后去挤卫生间。相反，假如演讲不精彩，听众注意力不集中，感觉时间过得很慢，就会有意无意地想去卫生间，以此来打发时间。

演讲不是照本宣科，不是上台照着本子念就可以了。演讲是一门艺术，需要演讲者用心经营，用情感人，让听众感受到你的热情，这样才能呈现一场完美的演讲。

3.给你的演讲注人情感

古人说：“感人心者莫先乎情。”又说：“情不深，则无以惊心动魄。”一场饱含深情的演讲，足以让听众投入其中，任由演讲者“摆布”。

2006年初，江苏省宿迁市委书记仇和升任江苏省副省长。4月12日，在宿迁全市领导干部大会上，仇和引用艾青著名诗句表达离别感受。他深情地说：

在学校读书时，我就一直喜欢艾青先生的诗句，“为什么我的眼里常含泪水？因为我对这土地爱得深沉……”

今天，在这里，我和同志们、同事们深情告别，和宿迁人民深情告别，和这方热土深情告别，我更读懂了它所蕴涵的深情！今后，无论我走到哪里，宿迁，这块给我太多感动和真诚的土地，我都会永远回忆和珍藏。宿迁的每一步发展，我都会关心、支持；宿迁的每一点变化，我都会高兴、喜悦；宿迁的每一个胜利与成功，也都会带给我无穷的动力和无限的鼓舞。

引用诗句，令演讲文采四溢，也让演讲者的感情得以升华。据报道，在场的很多人都是含着眼泪听完了这次讲话。

一场成功的演讲，既需要理性，也需要感性，即以情动人，以理服人。以情动人，“情”即演讲者的感情。演讲的终极目的就是要传播真善美，使听众感动并行动。演讲者要以自己的情感唤起听众的情感，形成听众与演讲者思想上的共鸣。

一位演讲家在为从台湾回来探亲的“七爷”夫妇举行的欢送会上，说了一段动人的话：

今天夜晚，是个令人难忘的夜晚。在亲人即将离别的时刻，一家老小，欢聚一堂，共享天伦之乐，喜悦之情难以言表。此时此刻，我们更加思念没有见过面的、远在台湾的四位叔叔姑姑们，他们没能和七爷爷、七奶奶一同归来，我只能在照片上看到他们。假如他们也能同路归来，也能参加今天的盛会，假如他们也能回来让我们看上一眼，也能端起家乡的酒杯，那该多好啊！我盼望他们早日归来，抚一抚家乡的土地，喝一口家乡的米酒，诉一诉离别的衷肠。回来吧，我亲爱的叔叔姑姑们！

在这个“难忘的夜晚”和“亲人即将离别的时刻”，“欢聚一堂”，把酒话别，“天伦之乐”与“喜悦之情”的背后，涌动着深深的离情别意。演讲者自然而熨帖地引入了“此时此刻”的情景，使讲者与听者都很感动，并且为心心交融的环境平添了浓浓的感情色彩。继而又从亲人团聚的此地联想到遥远的叔叔姑姑们，悬想着盼望着他们“也能参加今天的盛会”，抚摸“家乡的土地”，畅饮“家乡的米酒”，渲染出悲喜交集的气氛，形成了激动人心、催人泪下的情感高潮。

可见，自然而巧妙地引入环境因素，能更切合演讲的场合，形成心心相通的同感和相互感染的情绪氛围。

可以说，成功的演讲者都是情感丰富者，这种情感发自演讲者的内心。没有演讲者的情感投入，就不会有听众的情感付出。没有演讲者的情感变化，也就难以激起听众的层层情感波澜。

在演讲中设计一段生动感人的事例，是演讲者表情达意的重要途径。在演讲的高潮处，演讲者往往会情不自禁地讲起某件难忘的事情，以表达自己的真切感受，从而产生感动人心的现场效应。

我那么清楚地记得，我7岁的孩子上小学的第一天，我牵着他的手走到学校，然后看着他，背着花花绿绿布满恐龙的书包，消失在教室门口。他不停地回头看我，我也万分不舍地痴痴看着他。

我也记得16岁那年，他到美国做交换学生，我送他到机场，看他背着年轻人的背包，消失在入关口。我站在后面，一直在等他回头看我一眼，但是他头也不回，一次都没有。

于是我逐渐认识到，原来父母子女一场的缘分，就是注定了你此生要不断地看着他的背影，渐行渐远。今天，是你们的孩子、孙子的“独立日”，其实，你们自己新的一课也从今天开始：学习放手，让他跌倒而不去伸手扶他。我从自己的经验知道，那是多么多么难受的一堂课。

这是台湾作家龙应台在台湾成功大学医学院毕业典礼上讲的一番话。演讲者在阐述了制度性教育该教而没有教的两件事之后，具体地讲述了自己在不同时间和地点，两次送别儿子的动人情景。

这两件事情留给她的印象和感受太深了，因为她逐渐认识到，父母和子女之间的缘分，就是“注定你此生要不断地看着他的背影，渐行渐远”。她结合特定的时境，告诉现场所有的家长，要“学习放手”。显而易见，演讲者运用亲身经历的事例，不仅倾诉了内心的感受，真切地感动了听众，而且表达了人生的感悟，强烈地感染了听众。

4.用声音魅惑听众

要想让你的演讲具有超强的感染力，一定不要忽视声音在演讲中的作用。演讲必须声情并茂，用字遣词富于节奏变化是声音协调的一个重要方面。词语的声音配合得好，念起来顺口，听起来悦耳，记起来容易，优美的节奏能给人以美感。

演讲人的声音无外乎两种状态：要么极富个性，精彩绝伦，要么糟糕透顶，平庸至极。前者充满自信，能够控制听众的思绪，从而有效地传递信息；后者则枯燥无味。声音应该成为丰富你的演讲，吸引你的听众最得力的手段，因为它能够令平淡无奇的语言变得丰富多彩。

古人写诗作文，喜欢用对偶句，讲究对称句法。现代汉语没有这么严格，但是适当注意音节配合，可以增强文章的节奏感和气势。

例如，在纪念徐洪刚的演讲中，杨焰写了“人不能只为自己活着”。在这篇演讲稿中，她特别注意演讲稿的押韵，使演讲稿读起来朗朗上口。“社会是一个大舞台，人人都在这舞台上扮演着角色：有的角色遗臭万年，有的却是堂堂正正，顶天立地。他们是人民的英雄，人民景仰他们。还有一些人抱着明哲保身的处世哲学……”，“但是社会的主流是好的，所幸的是在一些人钻入钱眼，攀登权峰入危境的今天，仍然有人敢向恶势力挑战，用鲜血和生命捍卫正义、捍卫真善美。”文章主要押在“an”韵上，使整个演讲词朗朗上口，富有激情。

由于每个人的声带不同，其音色也不一样。音质好的人，通过训练可以成为优秀的歌唱家、演讲家；音质差的人更要训练，变不利为有利。为了使讲话带给人以美的享受，音色训练对每个人来说都是极为必要的。

该如何训练自己的声音，以求达到更好的效果呢？你可以拿一份演讲稿，甚至一篇书报文章来练习，练习时用录音机记录下来，听听自己比先前有没有一些进步，还有哪些地方需要改进。同时找来一些成功演讲者的录音带听听，如果是你在演讲，用他们的稿子会是一个什么效果？录下来，和那些演讲大师比较一下，看他们是怎样训练和控制声音的。你要像练习乐器一样，仔细寻找其中细微的差别。

声音练习需要注意以下几点。

1. 声音是否温润

切忌平直、粗哑、尖利、孱弱的嗓音。尽量使自己的嗓音清脆、悦耳。

2. 注意重音的使用

对于讲话内容的主次，一定要分别对待。对一些重点、关键的词句，要使用重音，而对于次重点和非重点的部分，语气上则应适当减弱。

3. 声调准确，注意区别

汉语的音节少，加上声调才使许多同音节字得以区别，特别是在口语中，声调成为辨别字的主要成分。因此口语表达不可忽视声调的准确性，否则会造成表达不准确，甚至全然相悖的结果。

4. 口齿灵活，自然流畅

说一段话需要连续发许多个音节，要使语言自然流畅，又使每个音节清楚准确，需要我们训练口齿的灵活性。连续发音时，舌要在唇、齿、龈、腭等部位来回伸缩，舌尖、舌面、舌根交替用力，唇要做出圆、扁、开、合、撮、闭等各种动作，以控制气流的开放与阻塞，运动频率是很高的。如果口齿呆滞，唇舌无力，就会使语流含混，影响表达效果。锻炼口齿的灵活性，可通过朗读规范文字作品的训练方式来实现，由慢到快，经常练习。

5. 养成良好的发声习惯

音质对语言的意义表达和情感传递，有很强的制约作用。音色的美感能产生强烈的吸引力，使语言富有魅力。要做到这一点，就必须养成良好的发声习惯。

发声时的正确姿势是：挺胸、收腹、提气，颈部、背部、腰部自然伸直，胸肌放松，用力适中，便于气流通畅运行，以达到良好的共鸣效果，使语音浑厚有力，轻松自然，清晰悦耳。

同时，你还需要注意调节你的声调、用气、音量、语速和节奏。通过强调性重音，吸引听众的注意力，使你的呼吸饱满、均匀，底气充足，忌"虎头蛇尾"，高开低走。要做到每个句子、短语、词汇直至音节发音清晰准确，达到所有发音效果的极致。语调平滑，一气呵成，切忌断断续续，杂乱无章。忌用"嗯"、"啊"、"这个、这个……"之类的口头禅。适当在句中使用必要的停顿。疑问句应使用升调，陈述句使用降调。恰当使用重音、停顿、变音、转调和沉默，达到润饰演讲的效果。

要让自己的声音魅惑听众，就要注意说话时吐字清晰，干脆利落。吐字时由于时间短促，不可能把每个音节都发得那么完整彻底。一般在吐字时，口形主要落在韵母的元音上，声音处理应是字头短而有力，字腹圆润饱满，字尾和缓渐弱，整个音节干脆利落，不拖泥带水，含混不清。

用你的声音魅惑听众，只有反复琢磨你的声音，像钢琴大师反复琢磨他的演奏一样。只有强加练习，才能让饱满而又激情的"乐章"从你的口里传出。

5.谨防成为朗读机器

一个好的稿子在手，讲出来就可以成功了吗？没那么容易。

有些演讲者一上台，就像小学生朗读课文一样，把事先准备好的演讲词展开，一字不拉地朗诵。尽管做到了字正腔圆，做到了抑扬顿挫，做到了声情并茂；但是，很遗憾告诉你，这不是做演讲，这只是在朗诵。尽管二者有相似之处，但还是有很大区别的。

演讲可以根据现场情况的变化，做比较多的即兴发挥。我们甚至见到有些领导讲话时，丢开秘书准备的稿子，另讲一套。朗诵则要忠实于原著，一字不拉地诵读原作品。此外，演讲的表达形式，即要“演”，又要“讲”，如演员演戏时边演边说台词；朗诵则侧重于“朗”和“诵”，是经过美化、修饰、规范的表演口语。

有人觉得背诵稿子是一个不错的方法，因为这可以解放自己的眼睛，以便和听众有更多的眼神交流。但逐字逐句背诵稿子有很多弊端。首先，整篇记忆会耗费演讲者大量的时间，而且容易形成演讲者心理麻痹。实际的演讲过程中，一旦因怯场、听众骚动，设备故障等突发事件，打断演讲者的思路，机械记忆的链条往往被截断，演讲者脑海中会形成一片空白，导致演讲停顿。此外，要是你在背诵后突然有了更好的材料要替换，势必稿子要修改，你又得重新背……如此几番折腾，费力之外，还不见得能记住。就算你记得住，如同背书的演讲，也会令听众觉无趣。

著名政治家、演讲家丘吉尔，年轻时也常常依靠背诵演讲稿发表演讲。在一次国会演讲中，丘吉尔突然忘记了下面的一句话，他不断重复最后一句话，仍然无济于事，最后只得面红耳赤地回到座位。从此，丘吉尔放弃了背诵演讲稿的准备方式，采用了一种提纲要点记忆法。提纲要点记忆也就是记大纲与要点，如果你还是需要一个稿子在手，心里才塌实的话，记点段落大意也可以。

美国当代演讲大师库什纳认为需要熟悉稿子，做到不用一个字一个字地去看也可以说出来，就已经足够了。如果只需要偶尔瞥一眼就能说下去，就可以将目光最大限度地投向听众。他还建议稿子尽量要用短句，这样即使你不太熟悉稿子，也可以在每句话结束时抬头看看听众。

库什纳说：“句子越短，你抬头看听众的次数就越多。”而一段长长的话，需要将目光长时间停留在稿子上，这容易让听众形成你在读稿子的感觉。此外，他还建议：你的开场白、精彩段落以及结束语，最好做到不需要看稿子就能说出来。

高明的演讲人在看稿子演讲时，其实也在对演讲稿作再次的修改。他们不会完全忠实于原文，不仅会将某些句子的表达作修改——如书面语言变为口语，还能根据当时的气氛，适当增删讲演稿。如有些问题前面的人已经讲过了，则适当点一点，不再长篇大论。如发现听众注意力不集中，则适当穿插一个小幽默。

林语堂曾经说过这样一句话：“一个好的演说家，在他的演说讲完之后，他会感觉到他的演说有四份：一份是他原来预备的，一份是他实际讲出的，一份是在报纸上刊登的，还有一份，就是他在回家的途中想到当时应该怎样去讲的。”

你的演说，也许少了那份“报纸上刊登的”，但千万不要少了其他三份。演讲结束后的那一份，是你必不可少的一个总结，这是你提高演讲水平的一个重要途径。

6.巧用转折，一波三折

演讲，最忌平铺直叙。铺地毯式的演讲，很难激起听众的情绪，甚至会让人昏昏欲睡。那么怎样才能使演讲波澜起伏，引人入胜呢？

精心设计你的演讲稿，运用“一咏三叹”的方式，就可以实现波澜起伏。如从戴望舒《雨巷》中走出来的丁香姑娘，“踏着月光，一会儿在雨中跳着，一会儿转动起裙摆”，让人在读时，分明感觉到了最柔软的地方，被其一咏三叹的文字触动。

不单在文学作品中，在我们的演讲中，也能运用这种“一咏三叹”的技巧，达到传递思想观点的目的。在演讲中运用排比句式，可以加强语势，增强语言的节奏和韵律。用它来说理，可以使论述细密严谨；用它来叙事，可以使事物集中完美地表现；用它来抒情，可使感情激昂奔放。

要想使你的演讲波澜起伏，让人欲罢不能，就得在演讲中处处设置埋伏，激起听众的热情，达到说与听的强烈共鸣。

1. 具有震撼力的开头

用具有震撼力的话作开头，可以在第一时间表达自己的观点，并使演讲一拉幕就重锤惊四座，有力地控住全场，为下面的演讲铺平道路。如维克多·雨果在纪念法国思想家伏尔泰百年祭日的演说中，开头第一句就说：一百年前他死了，但他的灵魂却是不朽的。

用一个转折句抖起旗帜，推出了自己对伏尔泰的评价与颂扬，轻巧如风，却吹皱了听众心中的一池静水。这夹杂着评价的叙述，是直叙却非平铺，一抑一扬，自然地激起了人们对伏尔泰的怀念和崇敬之情。

2. 巧设急转弯

一些演讲，在听众以为会一直平铺直叙下去时，却又突然来了一个一百八十度大转弯，在挽回听众注意力的同时，也为演讲增色不少。

请看爱因斯坦《要使科学造福人类》开头的一段演讲：

看到你们这一支以应用科学作为自己专业的青年人的兴旺队伍，我感到十分高兴。我可以唱一首赞美诗，来颂扬应用科学已经取得的进步；并且无疑地，在你们自己的一生中，你们将把它更加推向前进……但是我不想这样来谈。

爱因斯坦在这篇演讲中，本来是要讲科学技术给人类进步造成的障碍，但他在唱“不利的反调”之前，先用真诚肯定的话语，把人们的情绪调动起来，之后却很巧妙地将话锋一转，说“我不想这样谈”。他巧用转折的“双桨”，使“小船”在听众心里“推开波浪”:“他到底想谈什么呢？”人们急切地想听听他的下文。这样，看似平常其实奇崛的开头，就为其演讲平添了诱人的魅力。

3. 运用连折，跌宕起伏

在一次演讲邀请赛闭幕式的即席讲话中，著名语言学家张志公先生真诚评价了参赛小演讲家都是李燕杰，之后他说：

说到这个地方，我很想改变一下称呼，但又担心有倚老卖老之嫌，可是感情使我不能顾及这个责备，我还是要将“亲爱的青年朋友”改称“可爱的孩子们”、“小李燕杰们”……

在这篇演讲稿中，演讲者用一个“但”，一个“可是”，阐述了自己的观点，可谓一波三折，使听众在不知不觉间就接受了他称呼的改变，并兴趣盎然地聆听下文。试想，如果他不用“翻转”，直接改变称呼，恐怕还真会让人感到他有“卖老之嫌”呢。

4. 多用排比，起伏连绵

很多演讲者都喜欢在演讲中运用排比句式。运用排比句式不仅可以使文章奔腾有气势，而且又有辩证统一的内涵，可以收到连绵起伏的效果。

例如演讲家刘吉在同青年的一次对话中说：

青年成熟的标志是：温柔而不软弱，成熟而不世故，谨慎而不拘泥，忍让而不怯懦，刚强而不粗暴，自信而不狂妄，热情而不蛮干，勇敢而不鲁莽，好学而不盲从，纯真而不清高，敏锐而不轻率。

这段话中用 11 个转折短语，构成了正反对比的排比句式．像雨打芭蕉，波浪起伏，高低有序，在听众心里荡出了层层涟漪。

5. 运用哲理，机智转弯

富有哲理的演讲往往引人深思。在哲理中，我们也可以设置一个巧妙的转弯，用以串起全文，掀起一个情感的波澜。

演讲家李燕杰在同青年谈爱情时，在每一层中都使用了这样哲理化的警句：

> 青年有爱和被爱的权利，但是，青年人却没有滥用的权利。

当他讲述了自己的看法以后，又用一句“人的生存需要爱，但又并非为了爱才生存”引起下文。接着又以“爱情是美好的，但谁也难保爱情没有挫折”的警句自然引出了事例。这些言简意赅，闪耀着演讲者真知灼见的哲理佳句，在给人以美的视听享受的同时，又给人以智慧和启迪。

6. 一收一放，漩涡立起

不是所有的文章都有明显的转折词汇。有些是在直言主旨以后，又用“当然”、“不过”等词来代替，以补充前面的内容。这样的好处是避免了生硬，同时又富有打出去又拉回来的幽默感。

邓小平同志1985年在军委扩大会议上讲到改革干部制度时，先叹口气说：

> 一个部，顶多4个部长就够了嘛，更不要说司局了……我们严重的官僚主义与现在机构的臃肿是分不开的。

正当听众的情绪异常紧张时，他却轻松一转说：

> 当然，前5年有个交替的问题，有5年到10年的过渡时间。

接着又诙谐地讲道：

> 老实说，就我们自己来说，现在叫我们退，我们实在是心里非常愉快的。

就在大家为此露出会心的微笑时，他又来了一个转弯：

> 当然，现在还不行。

邓小平的这番话紧紧抓住了听众的心理，对全局把握得很好。他把人们的思维荡出去，而后又拉回来，放得开收得拢，使听众情感波澜随之起伏。他用“婉转”的方式，在轻松的氛围中使人们明白了问题的严肃性，充分表现出一位卓越领导人高屋建瓴的战略眼光，以及娴熟自如地运用语言的技巧。

7. 收篇逆“转”，挽起高潮

在演讲“卒章显志”时用转折句收束，可收到征服和鼓舞听众的最佳效果。这样的例子很多，有的是用一个转折句，有的是用多个转折句。黑人演说家约翰·罗克在反奴隶制协会年会上，发表了“奴隶制就是战争本身”的演讲，结尾时他这样讲道：

我们的事业正在前进，正如太阳一样，它常常会被乌云挡住。但我们发现乌云最终是要被驱散的。（掌声）诚然，在反对奴隶制方面，政府现在的表现，比战争一开始时并未前进很多；但是，在为它本身生存的斗争中，它已经不得不扼住奴隶制的咽喉，并早晚必定要将它卡死！（热烈的掌声）

两个转折句式卷起两个冲天的巨浪，将演讲推向顶峰，产生了一种撼人心魄的力量。

由以上不难看出，用好“转折”可以掀起“波折”，抓住听众的审美情感。值得注意的是，转折不能滥用，一定要为其主旨服务，否则不仅不会使演讲兴波增色，还会把听众带入迷途。

7. 抒情要收放自如

资深的演讲家都说，表达情感要恰如其分。罗马的文艺理论家郎加纳斯说：

“那些巨大的激烈情感，如果没有理智的控制，任其为自己的盲目、轻率的冲动，操纵，那就会像一只没有了压舱石而漂流不定的船那样陷入危险。它们是每每需要刺激的，但是有时也需要抑制。”

没有任何东西能够像恰到好处的真情流露那样蛊惑人心。这种真情通过一种“雅致的疯狂”和神圣的灵感涌出，听来犹如神的声音。这就是掌握自己的情感，恰到好处地表达自己情感的威力所在。

如果演讲者不能用理智控制自己的情感，夸张地运用了姿态语言和有声语言，演讲效果就会受到影响。例如讲到悲痛之处，失声痛哭起来，以至于讲不下去，真实固然真实，然而显得过分了。又如讲到高兴处，笑得前仰后合，手舞足蹈，这样毫无节制的情感表达，也会弄巧成拙，失去其价值。

再者，整个演讲过程要基调一致。如同唱歌一样，演讲者上台前一定要根据主题思想和情感的需要，为自己演讲的情感定一个基调，并使其贯穿于演讲的始终。虽有变化，但不离开总基调。

整个演讲是兴奋的，还是悲伤的，是活泼的，还是庄严的，要尽可能前后一致，形成演讲者的整体风格。切不可在一个演讲中大起大落，忽而大悲，忽而大喜，忽而轻松自得，忽而怒气冲天。这样就会冲乱听众的思想脉络，破坏听众情感的统一，减弱应有的感染效果。

当然，演讲中可能出现相反的情感，但要注意，不要把两种较集中的情感都推向最高潮。有两种以上情感交织的演讲，演讲者一定要在情感转换时有个过渡。否则，听众在没有准备的情况下，就会感到突然。要使转换自然，就需要前种情感由强到弱，而后种情感可由弱到强，这样，两种情感就可以自然过渡了。

另外，在无须抒情的场合作不得当的空泛的抒情，或者抒发了远远超过情境所许可的感情，这样虚假情感的表达，对于演讲的效果来说更是有害无益的。

某学院举办了一场演讲比赛。比赛中，有一个女同学极尽抒情之能事，在台上讲得声泪俱下，哽咽难言，结果却没能取得任何名次。

这是为什么呢？比赛结束后，女生找到首席评委："老师，我觉得我演讲得很投入，很用感情，可没想到结果并不理想。您能不能告诉我，我的演讲到底失败在哪里？"

评委坦然说道："你的演讲败就败在太过抒情，不仅演讲稿写得太抒情了，而且你的语调、姿态也太过抒情，削弱了你的演讲说服力。要记住，演讲不是朗诵，更不是演戏，所以抒情一定要有节制！"

演讲要求演讲者面对听众，以有声语言为主要表达形式，以态势语言为辅助形式，系统、鲜明地阐明自己的观点或主张。很多人认为演讲只要语言优美，感情充沛，表演生动，就能打动听众，这其实是一个误区。演讲需要抒情，但演讲抒情要掌握一个原则，那就是情由意牵，理移情随。

具体要注意以下几点。

1. 抒情文字不宜过多

我们强调演讲内容是情与理的有机融合，无情无法动人，无理则无以服人。演讲稿固然需要抒情性文字，但“抒情”是为“说理”服务的，不能喧宾夺主，本末倒置。

我们不反对在演讲稿写作中适当借鉴诗歌、散文等文体的表现形式，但忽视演讲的说理宗旨，把散文化的语言、诗意的文字过多过滥地写进演讲稿中去，以追求辞藻的华丽与优美来达到抒情的目的，这是认识上的错误，也是极不可取的。

2. 抒情语调不宜过滥

演讲是通过语调的高低升降，节奏的急促舒缓，音量的高低错落，音色的刚柔多变来完成的。这与同是声音艺术的朗诵区别并不大。但是，以陈述观点、表情达意、以理服人的演讲，并不是完全用抒情式语气来诠释的。

演讲者把声音表现技巧与真挚的思想感情想结合，本来无可厚非，但如果一味地沉湎于抒情式语调，“无处不抒情”，势必会削弱演讲的说服力，把演讲演绎成朗诵，失败也就在难免了。

控制好抒情语气的量，把握好抒情性声音的度，应是演讲者上台演讲时必须注意的。

3. 抒情态势不宜过频

除了语气表达的好坏直接影响演讲效果外，其他富有表演性的非语言形式，也会直接或间接地给演讲效果以不同的影响，如姿态、动作、手势、表情等。

不同的手势，不同的动作，不同的表情，皆可以表现不同的意思或情感，这就是我所说的演讲中的“演”。在“演”与“讲”之间，必须是以“讲”为主，以“演”为辅，“演”必须建立在“讲”的基础上。有的人顾此失彼，过于强调“演”，频繁使用态势语言，结果把演讲变成了小品或话剧。要记住，演讲不是表演。

总之，演讲中的抒情不能因演讲者宣泄个人情绪的需要而无所节制；演讲者更不应该处于“自我陶醉”的状态中。演讲是一种严肃的社会实践活动，在演讲中，一定要理智而有节制地抒情。要守住情感的阀门，不能乱抒情，滥抒情，或者毫无意义的抒情。

8.西雅图酋长的深情演说

这篇150多年前由西雅图酋长发表的演讲，至今读起来仍让人心潮澎湃，思绪难平。这位酋长是太平洋西北地区六个印第安部落的酋长，1854年12月，他对包括州长、白人移民和大约1000名印第安人在内的集会发表演说，讲话目的在于反对州长从华盛顿特区来购买印第安人土地这一事件。

下面摘录这篇演讲中的精华部分。

总统从华盛顿捎信来说，想购买我们的土地。但是，土地、天空、河流……怎能出卖呢？这个想法对我们来说，真是太不可思议了。正如不能说新鲜的空气和闪光的水波仅仅属于我们而不属于别人一样，又怎么可以买卖它们呢？

这里的每一寸土地，对我的人民来说都是神圣的。哪怕是一根发亮的松针，一块海滩的砂砾，一片林中的云雾，一颗清晨的露珠，还是一只鸣唱的小虫，所有这一切，在我们人民的记忆和现实中都是神圣的。

我们熟悉树液流经树干，正如血液流经我们的血管一样。我们是大地的一部分，大地也是我们的一部分。芬芳的花朵是我们的姐妹，麋鹿、骏马、雄鹰是我们的兄弟，山岩、草地、动物和人类全属于一个家庭。

大河小溪中闪闪发光的不仅仅是水，那也是我们祖先的血液。如果我们放弃这片土地，转让给你们，你们必须记住：土地是神圣的。清澈湖水中的每一个倒影，都反映着我们人民的历史事件和生活历程。那潺潺的流水声，便是我们祖辈的亲切呼唤。

河流也是我们的兄弟，它解除我们的干渴，运载我们的独木舟，哺乳我们和我们的子孙，因此你们必须像对待自己的兄弟一样，给予河流以慈爱。

如果我们放弃这片土地，转让给你们，你们必须记住：就如同空气一样，它对我们所有的生命都是宝贵的，它给了我们祖先第一次呼吸，也接受了他的最后一声叹息；同样的，又将给我们每个子孙以及所有的生命以灵魂。因此你们必须保持土地的神圣性，任何人都可以享受土地上的百花争艳和扑鼻馨香。

你们会教诲自己的孩子，就如同我们教诲自己的孩子那样吗？即土地是我们的母亲，土地赐予我们的一切，也会赐予我们的子孙。

我们知道，人类属于大地，而大地不属于人类。世界上的万物都是相互关联的，就像血液把我们身体的各个部分联结在一起一样。生命之网并非人类所编织。人类不过是这个网络中的一根线，一个结。但人类所做的一切，最终会影响到这个网络，也影响到人类本身。因为降临到大地上的一切，终将降临到大地的儿女们身上。我们知道，我们的上帝也是你们的上帝。土地是上帝创造的，也是上帝宝贵的。我们伤害了大地，就是对造物主的亵渎。

你们的命运，对我们来说是一个谜。可以设想一下，如果把所有的野牛杀光，把所有的野马驯化，那将是一种什么样的景象？如果原始森林中尽是人类的足迹，幽静的山谷中布满横七竖八的电线，那将是一种什么样的景象？如果草丛灌木消失了，空中的雄鹰不见了，马匹和猎犬也失去了用场，那将是一种什么样的景象？这一切，意味着真正生活的结束和苟延残喘的开始。

当最后一个印第安人与荒野一同消失，他们的记忆就像草原的云影一样在空中浮动的时候，这些湖岸和森林还会存在吗？我们的灵魂还会存在吗？

我们热爱大地，就像出生的婴儿热爱母亲心脏跳动的声音一样。所以，如果我们放弃这片土地，转让给你们，你们就要像我们一样热爱它，照管它。为了子孙后代，你们要始终不渝地献出地自己全部的力量、精神和感情来保护大地，就像上帝对我们大家所做的那样。

正像我们是大地的一部分一样，你们也是大地的一部分。土地对我们是珍贵的，对你们也是珍贵的。我们懂得一点：世界上只有一个上帝。没有人能够分开，无论是印第安人，还是白人，我们终究是兄弟。

西雅图酋长的这篇演讲，被誉为是有史以来在环境保护方面最动人心弦的演讲，它生动形象地描述了人类与大地、河水、空气、动植物等的血肉关系，以饱含深情的语言，表达了印第安人对这片土地无比真挚的不舍和眷恋。

语言优美，内涵丰富，情感充沛，是这篇演讲的最大特点。一方面，西雅图酋长大量运用拟人、比喻等表达手法，把土地上的一切事物都当成自己的兄弟朋友，字里行间充满着对这片土地的珍惜和热爱，表达出对它们无比眷恋的感情，增强了文章的感染力。另一方面，体现演讲主旨的语句“如果我们放弃这片土地，转让给你们，你们一定要记住：这片土地是神圣的”反复出现，产生一咏三叹的表达效果，不仅深化了主题，而且强化了作者想要表达的情感。

西雅图酋长的演讲充满激情，读起来琅琅上口，听来富有韵味。其用词时而激昂，时而舒缓，沉郁却不悲伤，妥协却不懦弱。其中有些如珍珠般的句子，更是将这条演讲的河流妆点得熠熠生辉，如——

溪流河川中闪闪发光的不仅仅是水，也是我们祖先的血液。

我们和大地上的山峦河流、动物植物共同属于一个家园。

任何降临在大地上的事，终究会降临在大地的孩子身上。

大地不属于人类，而人类是属于大地的。

清风给了我们祖先第一口呼吸，也送走了祖先最后一声叹息。

现在，美国西北最大的海岸城市西雅图市，就是为了纪念这位名叫西雅图的印第安酋长命名的。他墓地上的纪念碑，至今仍耸立在西雅图。

第6章

谈吐幽默，凸显亲和力

幽默是一种很好地表达自己的方式，是个人魅力、活力、能力、修养的标志之一。具有幽默感的演讲者，往往更能够抓住听众的心，受到更多的好评与欢迎。让我们来看看成功的演讲者是如何培养幽默感，并将其运用到演讲中的。

幽默来自对世事的彻悟，表明一种积极乐观的人生态度。

幽默是个人魅力、活力、能力、修养的标志之一。美国历史上的许多重要人物，比如林肯、罗斯福、威尔逊等，都是幽默感十足的人。

人人都喜欢与幽默的人一起相处，在西方，没有幽默感，简直就是没魅力和愚蠢的代名词。美国政治家查尔斯·爱迪生(发明家爱迪生之子)在竞选州长时，不想利用父亲的声誉来抬高自己。他在作自我介绍时这样说："我不想让人认为我是在利用爱迪生的名望。我宁愿让你们知道，我只不过是我父亲早期实验的结果之一。"听众们会心一笑，一下子就喜欢上了他。

1.幽默是演讲的调料

幽默是演讲中的调料，也是个人魅力的一种表现形式。如果你在演讲中使用幽默，就仿佛菜肴里加入了丰富的调料，让人越吃越有味道。

幽默和演讲有十分密切的关系。对一位优秀的演讲家来说，他所需要的不仅仅是精辟的见解，广博的知识，丰富的联想，还需要各种能使自己表达自如的手段。毫无疑问，幽默是演讲中不可缺的手段之一，它的作用非同小可。

幽默的重要性表现在以下几个方面。

1. 能沟通演讲者与听众的感情

演讲者若是居高临下，板着面孔讲，与听众的感情就难以沟通。反之，演讲者能用幽默和听众进行平等交流，就能缩短与听众之间的距离。

美国前总统小布什在登上总统宝座之前，总被媒体讥讽为缺乏幽默细胞的人，但是他上任之后，幽默风趣的一面却令大家为之惊叹。他经常发表演讲，演讲随意而幽默，深受听众喜爱。他演讲时，经常拿副总统切尼开玩笑。有一次，小布什应邀回到母校耶鲁大学，为毕业生发表演讲。

我要恭喜耶鲁大学的毕业生们，对于那些表现杰出的同学，我要说，你真棒！对于那些丙等生，我要说，你们将来也可以当美国总统！耶鲁学位价值不菲！我时常这么提醒切尼，他早年也短暂就读于此。所以，我想提醒正就读于耶鲁的莘莘学子，如果你们从耶鲁顺利毕业，你们也许可以当上总统；如果你们中途辍学，那么你们就只能当副总统了。

总统小布什和副总统切尼都曾就读于耶鲁大学，只是切尼中途退学了，没能顺利毕业。小布什巧妙地从这件事情中得出了一个结论：自己之所以能成为美国总统，是因为自己顺利从耶鲁大学毕业；切尼由于没能顺利毕业，所以只能委身副总统一职。当然，这个结论很荒谬——幽默也就因此而来。

小布什的幽默风趣，一下子就拉近了总统与学生之间的距离。小布什以此委婉地勉励年轻的校友认真完成学业——因为只有这样才能成为美国总统。同时，也盛赞了母校耶鲁大学——就是耶鲁的肄业生也能当副总统！

2. 能增加演讲的趣味性

有些幽默充满了智慧，其中的趣味性、知识性、美感都较强。有位老师讲到文学的阶级性，这样讲道：

商人、秀才、地主和佃农，四个人同在一个庙里避雪。面对纷纷扬扬的大雪，商人很欣赏地吟道："大雪纷纷坠地"；秀才是从来不忘皇恩浩荡的，接着吟："这是皇家瑞气"；地主穿着狐裘大衣，满不在乎地吟道："再下三年何妨"；佃农一听，气坏了，心里想：再下雪我吃什么？就脱口而出："放你的臭狗屁。"

这个小幽默通俗易懂，趣味性强，能引起学生的兴趣，也使学生记得牢固。

3. 让沉重的话题变得轻松

在发表演讲的时候，你要表达的观点可能是听众不愿意听的，可能会令人感到痛苦，或者需要听众做出较大的牺牲。这时运用幽默的力量，反而会使听众免于受到痛苦情绪的困扰，让他们对沉重的话题不再那么恐惧。

例如，一提到艾滋病，大家心里就会害怕。假如你演讲的目的是筹集艾滋病研究防治基金，这时你最好别过分谈论病毒、感染和死亡等问题，这太沉重。为了实现你的目的，你可以通过一则轶事或趣闻来减轻听众的情绪压力，改变话题的氛围。

4. 能更好地表达观点

有一次，作家林语堂在台北参加某院校的毕业典礼。典礼上，很多人发表长篇大论，轮到他讲话时，听众已经疲倦难耐。只见林语堂站起来说："演说要像姑娘的迷你裙，愈短愈好！"刚说完，全场听众目瞪口呆，然后一起开怀大笑。林语堂用幽默表达了自己的观点，也赢得了观众的掌声。

美国莱特兄弟是人类航空史上勇敢的开拓者，他们1903年12月17日成功地驾驶有动力的飞机飞上了蓝天。之后不久，莱特兄弟前往欧洲旅行。在法国的一次欢迎酒会上，主人再三邀请他们演讲。老大威尔伯只好站起来，但他只讲了一句话："据我们所知，鸟类中会说话的只有鹦鹉，而鹦鹉是飞不高的。"

威尔伯的演讲很幽默，让听众在笑声中悟到真谛。

有了幽默，演讲会变得更精彩一些。如果演讲者能掌握了幽默技巧，在演讲中插入一些妙趣横生的内容，你就会收到不同的效果。同时，那些含蓄、风趣演讲，能让听众在笑的同时，体会到你所传达的观点。

2.用幽默"巧救"自己

马克·吐温是美国的大作家，也是一个很幽默的人，他的演讲总是十分精彩。一次偶然的机会，马克·吐温与雄辩家琼西·M·得彪应邀参加同一场晚宴。晚宴上，演讲开始了，马克·吐温一上台便滔滔不绝地讲了20分钟。他语言风趣，思想犀利，赢得了一阵阵热烈的掌声，就连演讲家得彪也被他深深折服了。

当轮到得彪演讲时，得彪站起来，面有难色地说了一句："诸位，实在抱歉，会前马克·吐温先生约我互换演讲稿，所以诸位刚才听到的是我的演讲，衷心感谢诸位认真倾听以及热情的捧场。然而不知何故，我找不到马克·吐温先生的讲稿了，因此我无法替他讲了，请诸位原谅我坐下。"

马克·吐温朝得彪投去略带抱怨的目光，然后向听众无可奈何地耸了耸肩。听众们顿时大笑起来。得彪见自己的演讲比不上马克·吐温，并没有就此认输，只是用了一个小小的幽默，把马克·吐温演讲了20分钟的战果收入囊中。

在演讲的时候，会出现一些意外的情况，这时场面会很尴尬。遇见这些窘境，优秀的演讲家都会巧妙地加以掩饰，使一般的听众不会感到有很大的破绽和失误。幽默就是演讲者用来巧解窘境，应付意外的一种常用方法。

在一次演讲会上，兰姆滔滔不绝地讲着。一个喝得醉醺醺的人在下面故意捣乱，学公鸡叫。兰姆镇定自若，看了一下手表说："怎么回事？难道天要亮了吗？我简直不敢相信。然而低等动物的本能是不会错的。"

兰姆巧妙地插进一个小幽默，委婉含蓄地表达了自己的意思，令捣乱者尴尬不已，无地自容。可见，幽默的俏皮话能帮演讲者应付演讲中的一些尴尬局面。

在美国南部，有一位闻名遐迩的演讲家。他最使人折服的，是能在相当困难的情况下发表即兴演说。有一次，他在竞选州长活动中发表演说，有一位听众故意发问责难他，最后大叫起来："啊，你这个混蛋！"这位演讲家回答说："这位先生，请你小心一点！你正在骂我最喜爱的人。"

这位演讲家巧妙地化解了那位听众的责难。不过，这种故弄玄虚的幽默带有和听众辩论的性质，因而不应过多使用，只能偶尔为之。更多时候，演讲者应该通过坦诚的自我解嘲获得听众的认同。乔治·伯恩斯就曾经用幽默的句子开自己年龄的玩笑。

在一次演讲中，有人故意取笑伯恩斯说："你为什么老是和比你年轻许多的女孩约会？"伯恩斯幽默地说："在我这个年龄，除此之外你还有别的选择吗？"

其实上面那些幽默，并没有什么深刻的道理，只是演讲者在陷入窘境时用来解围的钥匙而已。当演讲陷入窘境时，如果演讲者一个人在讲台上傻愣着，那可就要彻底砸锅了，挽救的手段就是开个玩笑解救自己。

有一位学者在大学里开办性心理学讲座，这个讲座吸引了很多人。演讲结束后，几个比较捣蛋的学生提了一连串怪问题，其中之一是请演讲者谈谈对性解放的看法。

学者说："这个问题还用回答吗？现在街上流行超短裙，三点式泳装也出现了。《红楼梦》里的林妹妹有这么大胆么？"

这个幽默的回答有曲径通幽之妙，巧妙说明现在与过去的差别，也说明"性解放"的确为更多的人所接受，这是历史的必然趋势。

有些听众还常常利用提问题的机会，故意占用大量演讲时间来反驳演说者的观点。一个优秀的演说者，对于这种情况自有其应付之道。

请看下面这个例子。

有一次演讲结束后，一位听众挤到前面来，说是要问问题，其实是想发表相反的演说。这个人滔滔不绝讲了5分钟还不罢休。当他终于停下来，演说者问他："是不是可以把问题重复一遍？"听众席随即爆发出一阵笑声。

在这个例子中，演讲者幽默地向大众揭露了这个听众的意图，使其他听众在笑声中对此人无理的行为一笑了之，自然不会在意他讲了些什么，而演说者也巧妙地化解了一场争论。

3.自嘲中有君子之风

如果说幽默是头顶上的王冠，那么自嘲就是王冠上镶嵌的明珠。自嘲是一个人心境平和的表现，它能制造宽松和谐的交谈气氛，能使自己活得轻松洒脱，使人感到你的可爱和人情味，从而拉近心灵的距离。

老陈对公司董事长颇为反感。在一次公司职员会议上，他突然问董事长："先生，你刚才那么得意，是不是因为当了公司董事长？"

这位董事长立刻回答说："是的，我得意是因为我当了董事长，这样就可以实现从前的梦想，和董事长夫人同床共枕。"

董事长敏捷地接过老陈取笑自己的目标，让它对准自己，于是获得了一片笑声，连发难的人也忍不住笑了。

央视《面对面》原主持人王志也是一个自嘲高手。王志有两个酒窝，在一般人眼里，男人长酒窝很难看。一次在国际主持人论坛上，王志发表了“主持人的个性与个性化的主持人”主题演讲。为了形象地说明主题，他率先自我解嘲说：“我的长相比较特别。有一回我去采访一个小作家，小作家盯着我看了牛天，说我长得像个大宇宙，脸上有一个大黑洞！”他的自嘲让现场气氛一下子热烈起来。

对于如何当上主持人的问题，王志在演讲中说：

第一，我原来在地方做过电视节目，对业务比较熟悉；第二，像我这样脸上长酒窝的男性主持人不多。我长得憨厚，看着有点迟钝，但这是个优势，可以让采访对象放松警惕。如果主持人长得像杀手，那采访起来可困难多了。

王志坦然面对自己的缺点，能够换一种角度展现自己的优势，以自嘲的方式来自圆其说，使他变得更有魅力。

对于自己的缺点，崔永元和毕福剑也懂得自嘲。有人笑崔永元长得歪瓜劣枣，连一个小女孩也说，“叔叔，这么丑你也能当主持人啊！”当场让这个机智的主持人大窘。这段经历被崔永元收在了他的《不过如此》一书中，并经常拿来开玩笑。嘲人亦会自嘲，这是崔永元的聪明之处。

崔永元还调侃自己说：“大学生喜欢我，是因为我异常亲切的长相，他们觉得我的长相像身边的同学，而身材呢，则像他们的老师；正面看像食堂大师傅，背面看，像她们热恋的男友。”

毕福剑评价自己的小眼睛时说：“人家都说了，我和林忆莲长的都是‘凤眼’，她的是凤凰的凤，我的是门缝的缝。”

演讲者自嘲可以赢得听众的信任，让听众更加喜欢你。郭德刚的相声里，总把自己说得比谁都惨，让听众、观众有一种心理上的满足，觉得自己高大，有成就，而他自己则获得了掌声。

我们发现，凡是善于自嘲的人，多是待人宽厚，与人为善的。他们不会处处与人为难，时时跟他人过不去，更不会无事生非。但是，他们绝不是窝囊废，他们会以独有的宽容的方式来作出反应，也许会是嘲讽，当然更少了不自嘲。这样，他们往往就具有了君子的风度。

4.没有幽默细胞怎么办

幽默有时让人感到神秘。有人想学，却无法学会；有人没怎么学，却脱口而出。于是，有些不够幽默的人便认为：我不幽默，是因为我没有幽默细胞。

幽默细胞是什么？毫无疑问，用高倍显微镜进行物理观察，我们是无法看到一种叫“幽默”的细胞的。这也许能成为幽默非天生的一个论据。幽默真的是与生俱来的吗？我们不妨用人文的视角来分析幽默的构成。

只要我们留心那些幽默感十足的人，就会发现他们的心理素质一般都优于常人，而良好的心理素质不是天生的，需要后天的锻炼和培养。想拥有幽默的口才，从心理素质上来说，首先需要充分的自信。一个常常为自己的职业、容貌、服饰、年龄等因素惴惴不安、自惭形秽的人，怎么可能在公众场合进行优雅的表演？

安徒生很俭朴，经常戴个老式的帽子在街上行走。有个过路人嘲笑他：“你脑袋上边的那个玩意儿是什么？能算是帽子吗？”安徒生干净利落地回敬：“你帽子下边的那个玩意儿是什么？能算是脑袋吗？”没有高度的自信，恐怕安徒生早就在他人的取笑中发窘，或者勃然大怒，哪能灵光一现，作出绝妙的反击？

其次，冷静也是幽默高手的一项心理特质。冷静，是使人们的智慧保持高效的条件。只有在头脑冷静的情况下，人们才能迅速认准并抑制引起消极心理的因素。

英国首相威尔逊在一次群众大会上演讲时，反对者在下面鼓噪。其中一人高声大骂：“狗屎！垃圾！”面对听众可能产生的误解和骚动，威尔逊首相沉稳地报以宽厚的微笑，非常严肃地举起双手表示赞同，说：“这位先生说得好，我们一会儿就要讨论你特别感兴趣的脏乱问题了。”捣乱分子顿时哑口无言，听众则报以热烈的掌声。

再者，乐观是幽默高手的另一项重要素质。

俄国著名寓言作家克雷洛夫早年生活穷困。他住的是租来的房子，房东要他在房契上写明，一旦失火烧了房子，他就要赔偿15000卢布。克雷洛夫看了看租约，不动声色地在15000后面加了一个零。房东高兴坏了："什么，150000卢布？""是啊！反正一样是赔不起。"克雷洛夫大笑。

幽默感的内在构成，是悲感和乐感。悲感，是幽默者的现实感，就是对不协调现实的正视。乐感，是幽默者对现实的超越感，是一种乐天感。没有幽默感的人，很难积极地看待这个世界，更不会乐观地看待自己的生活。当然乐观不是盲目的，而是有所依附的，是一种透澈之后的豁达。乐观地看待你的生活，幽默感自然而生。

幽默的根基是良好的心理素质，幽默的主干是广博的知识。幽默的思维经常具有很强的联想性与跳跃性，如果不具备广博的知识，你的思维跳来跳去也就那么大的一块地方，想幽默也幽默不起来。因此，要提高自己的幽默水准，需要不断地拓展自己的知识门类和视野，提高对事物的认知能力。

有了根基与主干后，幽默要开花结果，还需要一些枝枝叶叶。也就是说，幽默需要通过一些话语来表现。究竟哪些话容易形成幽默，给人带来笑声呢？

1. 奇特的话使人开心而笑

幽默最简单的表现方法，就是令人惊奇地发笑。幽默就是要能想人之未想，才能出奇致"笑"。有人说："第一个把女人比喻成花的是智者，第二个把女人比喻成花的是傻瓜。"这句话似乎有点偏激，但新奇、异常的确是构成幽默的一个重要因素。

例如，爸爸对儿子说："牛顿坐在苹果树下，忽然有一个苹果掉下来，落在他的头上，于是他发现了万有引力定律，所以牛顿是个科学家！""可是，爸爸，"儿子从书堆中站了起来，"如果牛顿也像我这样整天放学了还坐在家里埋头看书，会有苹果掉在他头上吗？"

本来爸爸是讲牛顿受苹果落地的启示，但儿子却冷不丁冒出一句含有不应该埋头读书的结论，真是出乎意料，超出常理。儿子的话在逻辑上是不合常理的，但这样的话新奇怪异，大大出乎人们的意料，所以能引人发笑。相信故事中的爸爸在笑过之后，会对自己的教育方式进行反思。

2. 巧妙的话使人惠心而笑

幽默的核心，首先是拥有使人赞叹不已的巧思妙想，从而产生令人欣赏的欢笑。俗话说："无巧不成书。"巧可以指客观事实上的巧合，但更多的是指主观构思上的巧妙。

巧是事物之间的某种联系，没有联系就谈不上巧。如果能在别人没有想到的方面发现或建立某种联系，并顺乎一定的情理，就不能不令人露出愉悦的笑容。

比如，某学生的英语读音不准，于是老师批评他说："你是怎么搞的，你怎么一点都没进步呢？我在你这个年纪时，已经读得相当准了。"学生回答："老师，我想原因一定是您的老师比我的老师读得好。"

3. 荒诞的话会使人会心而笑

荒唐的言行常常使人忍俊不禁。俗话说："理不歪，笑不来。"荒谬的东西是人们认为明显不合理的东西，然而它居然展现在我们面前，不能不激起我们心灵的震荡，从而惹人发笑。

张三的女儿周岁那天，上门祝贺的朋友开玩笑说，等闺女长大了给他儿子做老婆，两家结成儿女亲家算了。指腹为亲在新时代当然只是一种玩笑而已，当不得半点真，张三答应下来也无伤大雅，粗暴拒绝则有看不起对方之嫌。但张三居然巧妙地拒绝了，他说："不行不行，我女儿才1岁，你儿子都2岁了，整整大了一倍。将来我女儿20岁，你儿子就40岁了，我干嘛要找个老女婿！"

风平浪静的水面，投进一块石子，就会一下子发出响声。常规思维的心理，被超常的信息搅扰，也会让心波荡漾，心潮起伏，心花怒放。奇异、巧妙、荒谬，就是这种超常的信息，就是幽默之所以致笑的要因，也是我们学会幽默应把握的要诀。

说来说去，幽默其实与人的气质培养类似，而幽默本身也是一种独特的性情和气质。如果你知道一个人良好的气质该如何培养，也应该联想得到一个人高超的幽默感是如何修炼的。

5.把握住幽默的分寸

世间一切美好的东西，都有一个尺度与分寸的问题。盐是一种非常好的调味品，放少了菜肴无味，放多了的话，会把菜肴变得苦涩无比。演讲中运用幽默也有一个尺度，过分幽默往往会使人产生油嘴滑舌，轻飘虚伪，喜好卖弄的感觉。

那么，都有哪些分寸是需要把握好的呢？

首先，要注意幽默不能过多、过量。一句幽默的妙语，可以为演讲带来轻松的气氛与愉悦的心情，但是接连不歇的妙语、笑语、讽喻，却只能阻塞沟通。“幽默轰炸”通常都会导致思维紧张，使听众跟不上节奏，或者在不停的大笑中忘记了你所要讲的真正主题。所以，你千万不要让幽默“过分饱和”。

其次要记住，不要开“崇高”的玩笑。什么是崇高？就是人们所尊崇的庄严的事物。比如说，一个民族、一个国家、一种社会制度和宗教信仰等。清代陈皋谟编辑的《笑倒》一书，附有《半庵笑政》，其中有“笑忌”一节，提到一忌便“侮圣贤”，这和亵渎崇高是一个意思。每个时代都有自己尊崇的“圣贤”，即神圣、崇高的事物。现代社会，为众人接受的英雄形象，能维护公众利益的权威形象，就像古时“圣贤”一般，不可拿来做幽默烹调的原料。

此外，还需要注意幽默的对象。尊老爱幼是我国的传统，因此与老人和小孩“玩幽默”时，尤其要小心。2007 年第 16 届金鸡百花电影节颁奖典礼上，主持人倪萍的“幽默”引来网友的无数“砖头”。

下面试举倪萍的几则“幽默”。

电影《我的长征》编剧陆柱国获得终身成就奖时，倪萍对年届八旬的陆柱国说：“祝你永远不得老年痴呆症。”这句幽默的祝福话，让人听了如同诅咒。当90高龄的老艺术家张瑞芳上台领终身成就奖时，倪萍说：“我们是你的粉丝……你知道什么是粉丝吗？”张瑞芳不客气地说：“我感觉你跟我说话的语气，好像是个白痴。”当她祝福张瑞芳“长命百岁”时，台下有观众小声议论：“老人家都九十岁了，祝她长命百岁是什么意思？！”

最后，场合也是一个需要注意的问题。美国前总统里根在一次国会演讲前，为了试试麦克风是否好使，随口开了一个玩笑：“先生们请注意，五分钟后，我们将对苏联进行轰炸。”这个玩笑开得可不是场合，简直可以称之为国际玩笑。结果，当时的苏联政府为此提出了严正抗议，并要求里根为此道歉。作为领导，要知道什么场合能够开玩笑，能够开什么样的玩笑。

编者在此介绍一个最简单有效的幽默尺度鉴定法：假设你的讲话，第二天会刊登在你所在地区最受欢迎的报纸头版，而你不会因为这个幽默感到窘迫——那么，你的幽默是在尺度范围内。反之，你最好放弃这个幽默——无论它是如何有趣。

幽默演讲的几个小贴士

当你在台上讲述某件趣事的时候，每一次停顿，每一种特殊的语调，每一个相应的表情、手势和身体姿态，都应当有助于发挥幽默的力量，使它们成为幽默的标点。重要的词语应加以强调，利用重音和停顿等以声传意的技巧，促进听众思考，加深听众的印象。

不要急于把幽默的“包袱”抖出来，应当沉住气，以独具特色的语气和带有戏剧性的情节显示幽默的力量，在最关键的一句话说出之前，给听众造成一种悬念。假如你迫不及待地把结果讲出来，或是通过表情与动作的变化显示出来，那就像饺子破了一样——露了馅儿，幽默便失去效力，只能让人扫兴。

不管你肚子里堆满多少可乐的笑话和俏皮语言，都不能为了体现你的幽默，不加选择地一个劲儿倒出来。演讲的幽默风趣，一定要根据具体对象、具体情况和具体语境加以运用，不能使说出的话不合时宜。否则，不但收不到应有的效果，反而会招来麻烦，甚至伤害别人的感情，引起事端。

有些人在演讲时，生怕自己不幽默，笑话一个接一个，层出不穷，就像连珠炮一样。这样一来，谈话内容往往会脱离主题，听众听起来，也会感到云山雾罩，不知道你究竟要说什么，甚至认为你只是在向他们展示幽默才能呢！

还有一种最煞风景的幽默演讲，就是在讲到幽默之处时，自己先大笑起来。自己先笑，只能把幽默给淹没了。最好的方式是让听众笑，自己不笑或微笑。这就是说，采取“一本正经”的表情和“引入圈套”的手法，才是发挥幽默力量的正确途径。

在每次讲话结束的时候，最好能激发全体听众发自内心的笑容。不妨试一试，用风趣的口吻讲个小故事，或说一两句俏皮话、双关语或是幽默的祝愿词，这些都是很巧妙的结尾。总之，你要设法在听众的笑声中说“再见”，让你的听众面带着满意的笑容离开会场。

第7章

随机应变，得体控场

登台演讲不是照本宣科就足以胜任的行为，它需要大量的临场技巧。随机应变与临场技巧，也是作为一个成功的演讲者不可或缺的能力之一。

很多时候，实际的演说现场可能与自己的预期不一致，对此要有心理准备。比如，你本来得到通知为三百个人做演说，结果只来了二十个人，怎么办？你本来以为听众是同样的身份和职业，结果发现听众的构成非常庞杂，或者本来以为听众是友好的，结果却发现他们持相反的观点，怎么办？怎样对付演说过程中听众注意力分散或起哄的问题？

为了解决这些突发事件，你的演说不能仅专注于当初的练习。如果你抽时间考虑过现场可能出现的突发和异常事件，就可以避免一些令人不快的意外。这就是说，演讲前不仅要考虑应该发生的事情，还要思考可能出现的意外。要利用有利的变化，克服不利的场景。

1.突然冷场

你在台上眉飞色舞，听众在台下频频点头——别高兴太早，他们点头是在打瞌睡！

演讲冷场，是一个让所有演讲者都感到不安的情况。你在演讲台上滔滔不绝，口若悬河，听众却在台下打瞌睡，玩手机，聊天，看报纸或者发呆……看到这样的情况，作为演讲者，你是掉头就走，还是运用技巧扭转局面？

演讲中的冷场是由种种原因造成的，但主要还是听众注意力分散或转移了。因此演讲者应付冷场的核心思想，应当是采取措施，重新吸引听众的注意力，向听众表明真正的中心与焦点是在讲坛上。

1. 适当地赞美听众，引起共鸣和好感

听众发现演讲与自己的关系不大，自然不会给予太多的关心，在这种情况下，常常会出现冷场。此时演讲者应当注意采用恰当的方式，拉近与听众的心理距离。贴近听众的一个有效方法，就是发自内心地赞美听众，用合情合理的话语拨动听众的心弦，激发他们的共鸣，使他们重新对演讲产生兴趣，从而打破冷场的尴尬局面。

一次，小张到某医院演讲。上台后，他环视了一遍台下，发现角落里有个穿白大褂的老大夫，正戴着花镜自在地看书。

看起来老大夫对演讲不怎么感兴趣。小张想，他不是一位忠实听众，但很可能是一位出色的大夫。

于是小张诗兴大发，从赞扬白衣战士谈起："每当我忆起那病中的时光，白衣战士就引起我深情的感想，他们那人格的美，心灵的美，还有那圣洁的美，给我生活的信心，增添我前进的力量。"

这段歌颂医生的开场白，引起老大夫的极大兴趣，他合上书，聚精会神地注视着演讲者。这时小张才将医生治病与救国救民的道理联系起来，重新回到主题。这样的演讲议题符合听众口味，避免了空洞的说教。

2. 调动听众参与的热情

演讲实际上也是一种双向互动的过程，演讲者以自己的讲辞和形象的语言来感染听众，反过来听众的积极回应，也有利于推动演讲的顺利进行。

需要的时候，演讲者可以向听众提出富有针对性和启发性的问题，以调动听众参与演讲活动的热情，使他们意识到自己也是整个演讲的重要组成部分。这样会有效地避免冷场和打破冷场。

某中学举行纪念"一二·九"演讲报告会。当演讲人讲到当代青年学生应该在新的历史时期继承"一二·九"光荣革命传统，为振兴中华而努力奋斗时，少数学生竟交头接耳地说笑起来。

为了避免事态扩大，演讲人迅速发问："讲到这里，我要向台下的同学提出这样的问题：你想以怎样的实际行动来弘扬'一二·九'运动的爱国主义精神，为建设民主富强的祖国做出自己应有的贡献呢？"

这样一问，不仅有针对性地集中了听众的注意力，起到了静场作用，而且又很自然地接续下去，推动了演讲的顺利进行。

有时，神圣和有价值的东西，反而会遭到某些人的嘲笑。本例中的演讲者，就遇到了类似的情况。为了避免少数人骚动引发全场混乱，演讲者适时而又巧妙地向几个说笑者提出了一个十分严肃的问题，迫使他们从私下的说笑跳回到演讲的现场，使全场听众产生对现实的反思，避免了可能出现的冷场局面。

3. 制造悬念

在演讲中制造悬念，根本的目的是为了吸引听众的注意力，使演讲包含的信息和情感有效地传达出去。

在出现冷场的情况下，适时地制造一两个悬念，是重新吸引听众注意力的非常有效的办法。好的悬念不仅能够使演讲者再度成为听众注目的中心，而且能够活跃现场气氛，激发听众聆听和参与的兴趣。

普列汉诺夫有一次在日内瓦做关于《无产阶级与农民》的演讲，当时会场乱哄哄的，几乎使演讲不能继续下去了。

这时，普列汉诺夫双手交叉在胸前，目光嘲笑地扫视着会场。当台下逐渐平静了些，他大声说："如果我们也想用这种武器同你们斗争的话，我们来时就会……（他停顿了一下，大家以为他会说带着炸弹、武器、棍棒，然而他说出的话却出入意料）我们来时就会带着冷若冰霜的美女。"

此语一出，整个会场笑声一片，甚至连一些反对者也笑了起来。这时，普列汉诺夫抓住时机，话头一转，将演讲引入了正题。

普列汉诺夫面对反对者的干扰和乱哄哄的会场，适时抛出一个悬念，等到听众都竖起耳朵之后，才给出了十分幽默的下文，使得整个会场都被他的风趣感染，从而为他展开正题创造了良好的会场气氛。

4. 巧设圈套

在一次以"青年与祖国"为题的演讲比赛中，复旦大学的杨高潮同学被排在后面演讲。在他之前，因种种原因，会场始终一片嘈杂声，几乎无法平息喧闹的局面。轮到他上场时，情况仍然如此。面对这种局面，他调整了原来开场白的讲法。

上台后，他扫视全场，静观片刻后说道："同志们，关于青年与祖国的关系，人人皆知。但是，我想提个问题，（停顿一下，让听众有思想准备）谁能用一个字来概括青年和祖国的关系？（眼睛在听众中搜寻，场面顿时安静下来，片刻之后接着说）可能有人会说是'希望'。（话刚一出口，坐在前排的好几位同学当即指出：不对！希望是两个字，你不是说用一个字吗？此驳问正中圈套，于是他紧接着听众的话说）你们说得不错，'希望'这意思是对的，可惜用了两个字。我可以用'根'这个字来表示，青年是祖国的根！"

如此施法之后，场面完全改观，该同学乘机紧紧抓住听众的注意力，使安静场面维持到演讲结束。

演讲者巧设圈套，要求用一个字概括“青年与祖国的关系”，可自己又偏偏用两个字作答，继而引发听众的注意力。因为这个圈套，听众对演讲者给出的真正答案有了更为深刻的印象，他们的注意力也就无形中被再度集中起来了。

2.口误人人有

口误人人有，就看你如何补救。高明的演讲人，能够将口误大事化小，小事化了。蹩脚的演讲人，则可能被一个口误搞得自己下不了台。

在你的演讲中，如果有口误出现，不要着急，你可以试试以下办法。

1.“栽赃”法

这个方法看上去有“陷害”的意思，似乎很不厚道。其实不然，让我们来看张经理是如何巧妙“栽赃”的。

在晨会上，谈到业务人员外出“扫楼”（指一家一家挨个陌生拜访）时的怨言，张经理说：“‘扫楼’是在浪费精力。”说完后突然发现自己讲错了，怎么办？他一点也不慌张，继续说：“很多人都持有这样的观点，包括在网上，我也看到很多类似的说法。但事实上，‘扫楼’不仅是很多公司开发新客户的一个有效手段，也是锻炼业务人员察言观色，提升口才以及提高心理素质的一个秘诀。很多著名的业务大师，就是从‘扫楼’中成长起来的。”

你看，他一句“很多人……”就将自己的口误轻易地遮掩过去了。在这一次转换中，张经理“栽赃”了“很多人”。但他的“栽赃”并没有得罪人，因为他没有说自己的员工，也没有点名批评某个人，而是用大而化之的“有些人”或“网上”之类的不确定称谓。

2. 将错就错

这种方法就是在错话出口之后，能巧妙地将错话接续下去，最后达到纠错的目的。其高妙之处在于，能够不动声色地改变说话的情境，使听者不由自主地转移原先的思路，不自觉地顺着演讲者的思维而思考。

一次，纪晓岚称皇上为“老头子”，不巧被皇上听到，龙颜大怒。纪晓岚急中生智，说:“皇上万岁，谓之‘老’；贵为至尊，谓之‘头’；上天之子，谓之‘子’。”皇上听了，转怒为喜。

纪晓岚将错就错令人叫绝。错话出口，索性顺着错处接下去，反倒巧妙地改换了语境，使原本轻慢的失语化作了尊敬的称呼，颇有些点石成金之妙。

3. 借题发挥

传说民国时期，一个军阀召集手下文僚训话，他把“文墨之士”说成了“文黑之士”，引起台下一片讪笑之声。他身后的秘书小声告他，“黑字下面有个土念墨，是‘文墨之士”’。他吱唔了一下说:“我不知道你们是‘文墨之士’吗？我嫌你们太土了，特意去掉这个土字，希望你们大家都要当气派的文墨之士。”这个军阀不懂“墨”却善辞令，一句话把自己的失言解释得正大光明，听起来也似言之有理。

著名相声演员马季有一次到湖北黄石市演出。在表演前，有位演员错把“黄石市”说成了“黄石县”，引起了观众的哄笑。到马季登台表演时，他张口就说:“今天，我们有幸来到黄石省演出……”这回听众不笑了，而是窃窃私语，怎么回事，连你也错吗?

这时，马季解释道:“方才，我们的一位演员把黄石市说成县，降了一级。我在这里当然要说成省，给提上一级。这样一降一提，哈！就平啦！”几句话博得全场观众热烈的掌声和笑声。马季机智巧妙地圆了场，使演出得以顺利进行。

4. 岔开话题

在一次高考中，某校某班数学和外语成绩突出，名列前茅。校长在评功总结会上这样说:“数学考得好，是老师教得好；外语考得好，是学生基础好。”

在座老师听罢沸沸扬扬，都认为校长的说法有失公正。教外语的李老师起身反驳:“同一个班，师生条件基本相同。为什么数学考得好归功于老师教学有方，外语考得好却不是?”

会场上顿时一阵静默。校长没有恼怒，反而“嘿嘿”地笑了起来，他没有直接回应，而是岔开话题说:“大家都看到了吧，李老师能言善辩，真是好口才。很好，很好！”

校长在众人面前说错了话，而一个不“识趣”的老师偏偏要揪校长的小辫子，这令校长相当失脸面。如果校长与那个老师去争论对错，一则本身就是自己错了，二则有失校长的身份，还不如故意扯开话题，避免尴尬。

3.忘词的尴尬

忘词，几乎是每个演讲者都会遇到的问题。如果你是一个新手，当你第一次走上演讲台，面对台下众多期盼的目光，你一紧张，突然忘词了，大脑里面一片空白，这时你该怎么办？或者，你是一名资深的演讲者，演讲台上的你正兴致盎然地对一个事件大谈特谈的时候，却因为突发某件事中断了思绪，无法继续时，你又该如何？

面对忘词，不要害怕，保持放松的心态，只要知道如何更好地来完善演讲，依然可以做出一个高明的、没有任何破绽的演讲。

遇到忘词这种意外之变，演讲者除了稳定住自己的情绪外，最重要的是采用一些巧妙方法，使演讲继续下去。

卡耐基认为，这种时候，最有效的方法是提问。比如，你讲关于本公司员工福利改革这个话题，讲到“薪酬改革势在必行”时，忘了下面该说的几点理由了。这时，你可以就这个话题向听众提问，提问的方式很多，只要紧扣“薪酬改革”四个字就行了。例如可以直接问：“谁来讲讲对于我们现行薪酬制度的看法？”然后一边假装寻找回答的听众，一边回忆自己的演说辞。

任意找一个听众后，你可以借“认真”（一定要装出认真的样子）听他表述自己见解的机会，再次思考自己该说的下文。等他说完了（最多给他一分钟时间，毕竟是你在演讲），如果你想起了下文，就简单地评价一下发言者的观点，然后再回归到既定的演讲题目。如果依然没有想起来，也可以围绕这个发言者的观点，临时组织语言，将理由能说多少就是多少，然后继续讲你没有忘记的演讲词。

演讲中最怕的是你忘词忘“大”了。忘掉的不是一小段内容，而是将后面的内容都忘得一干二净。这时，就是考验你即兴演讲能力的时候了（即兴演讲的诀窍，后面会有详细的讲解）。

遇到这种情况，可以用残留在脑海中的一点信息临场发挥，紧扣演讲主题，或者与听众进行问答互动，或者临场说一个与主题相关的小故事，利用这段时间来回忆内容。

这样毫无准备，被打乱了阵脚的演讲，也许会不尽如人意，但总比你站着发呆强万倍。而且，在你即兴演讲时，一个偶然的词汇说不定可以让你想起忘记的内容。这样，你就可以找一个好的切入点，把内容拉回正轨。如果一直没有想起遗忘的内容，而你对即兴演讲也不怎么在行的话，就得想办法尽早结束自己的演讲。

当然，解决演讲忘词的方法还有很多，但拥有良好的心理素质是最重要的。要做到即使忘了词，也能面不改色，依然镇定自若地在演讲台上与听众侃侃而谈，当然，这是需要一定功力的。

演讲者平时在生活中要多锻炼自己，在锻炼中提高自己沉着稳定的心理素质和随机应变能力，以面对演讲中可能出现的各种突发状况。

4.机智应对提问

2006年，美国商务部长卡洛斯·古铁雷斯访问中国。期间，他到重庆大学做演讲，在自由提问环节，这位侃侃而谈的美国人遭遇了“难题”。

提问一开始，一个学生就问：“保护知识产权需要高度的文化水平，而您并没有上过大学，请问这个矛盾如何化解？”此问一出，场内一时间寂静无声。

沉思片刻后，古铁雷斯讲道：

我不像在座各位那么幸运，现在只有不停地学习，以弥补当初退学带来的遗憾。停止学习就停止了成长。退学是我的不幸，幸运的是至今我仍在学习！

古铁雷斯说完，场内掌声雷动。古铁雷斯成功化解了学生提出的难题。在如何解决中美贸易顺差，中海油收购优尼科计划为何受阻……台下的学子们似乎有意给他提难题，有些问题显得比较尖锐，但古铁雷斯却用“打太极”的方式和同学们周旋。

当被问及他最大的成就和挑战是什么时，古铁雷斯回答说：“最大的成就是自己很幸运，最大的挑战是自己该怎么认识到这个好运。”就这样，这场“针锋相对”的交流，在一片欢快的笑声中画下圆满句点。

在自由提问环节，一般性的问题好回答，真正考验演讲者的，是一些怪异的难题。如果你不能有效解决难题，你的演讲就很难取得圆满成功。

面对刁钻的问题，演讲者该怎么办呢？建议如下。

1. 否定不存在的问题

如果有人提问：假如太阳从西边出来怎么办？假如猪长了翅膀如何圈养？这些假设性的问题完全没有实际意义，没有必要陷入这些假设问题的沼泽中，还有更多实际的事情需要你考虑与担心。当然，我们举的例子有些极端，这是为了更加清楚地说明问题。

在你的演讲中，不会有这样极端的问题，但类似的问题还是有可能出现的，如：假如开发的产品不合格怎么办？假如市场发生剧变怎么办？对这些问题，你一句话就给予否定：“我认为这种情况不会发生，如果大家没有意见的话，我们跳过这个问题。”这样就可以把提问的机会交给下一个。

2. 设定条件

对方提问的内容有时可能很模糊，有时很荒诞，甚至很不理智，以致使人很难回答。这时，演讲者在分析清楚问题的前提下，可以用设定条件的方法来进行回答。

有这样一个故事。

有一天，国王指着一条河问阿凡提："阿凡提，这条河的水有多少桶？"

阿凡提答："如果桶有河那么大，那么只有一桶水；如果这个桶有河的一半大，那么就有两桶水……"

阿凡提的回答十分巧妙。这个问题问得很怪，国王故意想难倒阿凡提，让他无法直接回答。阿凡提只能先设一个条件，然后再说结果。条件不同，结果也就不一样了。

3. 反转问题

一些听众会问一些令演讲者难以回答的问题，这时不要紧张，你可以把问题反过来看。

例如，一个提问者做出一个很不耐烦的表情，然后问："我们的工资为什么那么低？"你可以这样反问他："你希望工资是多少呢？"

4. 巧借前提

1972年5月，在维也纳一次记者招待会上，《纽约时报》记者马克斯·弗克兰尔向基辛格提出美苏会谈的程序问题："届时，你是打算点点滴滴地宣布呢？还是来个倾盆大雨，成批地发协定呢？"

基辛格停了一会儿，一字一板地答道："我们打算点点滴滴地发表成批声明。"会场顿时哄堂大笑。基辛格巧妙地利用对方的问话，仿照问话的词句和情态，用幽默风趣的话语与记者周旋。这种方法，很值得演讲者借鉴。

5. 含糊其辞法

在回答难题时，可以故意把话说得不明确，不清楚，以回避一些不便回答的、令人难以下台的问题，给自己留有充分回旋的余的，摆脱尴尬被动的局面。

一次，在世界田径锦标赛上，女子铅球冠军隋新梅成为各国记者和教练员关注的夺标热点人物，不少人想方设法接近她，想从她嘴里探听情报。隋新梅并没有对记者避而不见，也没有无言以对，而是大大方方，对记者的提问对答如流。

有记者问她是怎样训练的，她说："我身上有很多伤，要靠脑子练。"另一名记者马上问："你身上都有哪些伤？"她说："好的地方少，伤的地方多。"又有记者问："谁是你的对手？"她答道："每个人都是。"

这里，隋新梅对记者们的难题一一作答，但每个答案的信息度都为零。她的装糊涂使得当时在场的外国记者、教练在大失所望之余，不得不啧啧赞叹这位中国姑娘迷人的风采和高超的应变能力。

6. 避实就虚

演讲者在回答难题时，可以利用问题表述上的多义性，明知对方想问的意思，却故意以另一个意思作答，从而既让自己不失风度，又令对方无可奈何。

例如，在一次记者招待会上，外国记者别有用心地问王蒙：“请问，20世纪50年代的你，与80年代的你有何异同？”

这位记者的用意是路人皆知的，王蒙当时也十分清楚。但只见他不慌不忙地抬起头，从容不迫地回答道：“50年代的我叫王蒙，80年代的我也叫王蒙，这是相同之处。不同的是，那时我20来岁，而现在我则有50多岁了。”

王蒙避实就虚地回答了一个难题，他十分巧妙地借用了语言中“言”与“意”可以背离这一特点。对方分明是要他比较两个时期内个人的政治遭遇与命运的异同，他却故意错误理解对方提出的问题，机智地摆脱了困境。

5.听众在开小差

在许多演讲会上，听众开小差是常有的事，如看报纸杂志的，聊天的，喧闹的，打瞌睡的，望着窗外出神的，看外面热闹的，总之无所不有。这种情形会严重影响听众的听讲效果，同时也会影响演讲者自己的演讲情绪。

遇到这种情况，演讲者务必找出原因，对症下药，及时调整自己的演讲内容及演讲方法。影响听众兴趣及注意力的原因很多，有主观方面的原因，如内容枯燥无味，演讲者不善于表达等；也有客观方面的问题，如会场环境欠佳，缺乏传声设备，会议时间过长等。

对于主观方面的问题，演讲者在演讲准备时就要注意解决，演讲主题以及演讲材料都要精心设计和选择，力求合乎听众胃口，力求生动活泼，幽默风趣。对于客观方面的问题，演讲者则要灵活应变，针对不同的情况，采取适当的解决方法和措施。

1. 尽量缩短演讲时间

遇到会议时间过长，以致听众疲倦或不耐烦时，演讲者不妨精简演讲内容，尽量缩短演讲时间。

有经验的演讲家是这样应变的。

艾林豪威尔任哥伦比亚大学校长时，常常出席宴会并发表演说。在一次宴会上，他排在最后一个发言。由于前面的人演讲都是长篇大论，轮到他发言时，时间已经不早了，听众早就迫不及待地等着就餐了。

艾森豪威尔急听众所急，放弃了原来准备的讲稿，对听众说了以下两句话："每一篇演讲，不管它写成书面的或其他形式，都应该有标点符号。今天晚上，我就是标点符号中的句号。"说完，他就回到座位上了。

当听众明白他已经演讲完时，对他简短的演讲报以热烈的掌声。

2. 适当活动，防止听众困倦

大家都知道，人在春夏和每天下午，容易出现困倦和打瞌睡的现象。曾经有位演讲者遇到这种情景，他是这样处理的：

当时，他正在台上侃侃而谈，只见一缕初春的阳光从会场后侧的玻璃窗照射进来，照在少数人的背上。这些人的背脊立刻觉得一阵暖和，就不知不觉地昏昏入睡了。最后，这种气氛还传染到前面的人。

看到这一情景，演讲者暂停了演讲，对听众说："请诸位抬起头，看看天花板。"

大家以为天花板上真有什么东西，个个都抬起头来看天花板。

"现在再看一看左边。"大家果然又向左边张望。

"那么诸位不妨看一看右边……好了，这就是头部运动。疲倦的时候，不妨做做头部运动。如仍觉疲倦，也可以做做体操。现在，请诸位举起手来。"大家便跟着他举起了手……

这一方法果然奏效，听众做了上述活动之后，不再困倦了，又开始专心听他演讲了。

提醒注意一点，要使听众保持良好的精神状态，演讲者自己首先要具有良好的精神状态，这是至关重要的。

3. 借景发挥排除外界干扰

听众受到外界干扰时，演讲者不妨即景发挥，将意外发生之景与演讲内容有机地结合起来。这个方法可以有效地把听众的注意力重新吸引到演讲上。

有位老师走上讲台，刚要向同学作《人不能失掉自尊心和自信》的演讲，这时外面隐约传来音乐系的练歌声，同学们一下子被吸引过去了。很多人伸长了脖子，支起了耳朵，甚至有人小声议论。

面对这种情况，这位老师马上调整了自己的开场白。她大声问："谁是张明敏的崇拜者？"

这意想不到的提问，一下子把同学们的注意力吸引过来了，很多人大声回答道："我！"有的同学甚至举起了手。

这位老师接着又问道："最喜欢他的哪首歌？"

很多人回答："《我的中国心》！"

这位老师微笑着说："那我和你们是同党！（同学们情绪热烈，笑声）我最喜欢'洋装虽然穿在身，我心依然是中国心'这两句。这代表了一个人的民族自尊心与自信心！我今天演讲的题目是《人不能失掉自尊心和自信》。"话音刚落，同学们便报以热烈的掌声。

这位老师之所以能成功地将同学们的注意力重新吸引过来，关键在于她将眼前意外发生之景与讲题有机地结合起来，且结合得天衣无缝，巧妙无比，难怪听众为她喝彩。

第8章

张口即来的即兴演讲

作为比演讲更上一层楼的本领，就是“即兴演讲”。它没有什么时间给你准备，你必须即时开讲。本章将告诉你，遇到这种情况时，你该讲什么，如何讲。

即兴演讲犹如军事上的突然袭击，经常会搞得当事人瞪目结舌，手足无措。

比如，你去参加一个例行会议，本来没有安排你演讲，可是主持人临时请你“讲几句”。

比如你参加某个酒会，有人提议或情势所迫，你“不得不”讲几句。

或者你知道自己需要讲，但讲什么需要根据即时的情况而定，不能够事先作准备。

还有的一种情况是，你没打算讲，也没有人邀请你演讲，但你被当时的环境气氛触动，主动要讲。

总之，即兴演讲没有什么时间来让你准备，你必须即时开讲。遇到这种情况，你讲什么，如何讲呢？

1.即兴演讲五要求

谈锋凌厉的马云，口若悬河的严介和，循循善诱的牛根生，字字珠玑的鲁冠球，激情四射的俞敏洪，语不惊人死不休的潘石屹……看财富榜上那些挂着董事长、总裁、CEO之类头衔的财富明星，哪一个不是在公众面前、在下属面前张口即来，来之能言，言之有理？

即兴演讲因其是临场之作，难度相对来说要大一些，对演讲者的要求也不同于其他演讲。

1. 组合要快速

即兴演讲多出于临场指派，在此之前，你可能不仅没有内容准备，甚至连心理准备也没有，但受人指派委托，或是情之所至，不吐不快，非讲不可，而现场又没有充裕的时间让你准备，你只能进行快速组合。这就要求你尽快选定主题，然后将平日累积的相关材料围绕主题组织起来，再选择合适的语言将它们表述出来。

2. 要抓触点

所谓触点，是指可以由此生发开去的事或物。即兴演讲需要因事起兴，找到了触点，就找到了起兴的源泉，有了谈话的由头；抓不到触点，很可能会陷入无话可说的尴尬境地。

具体情景中，有许许多多可以供我们发挥的素材：地点、时间、人物、事件、景物等，只要我们善于捕捉，善于生发，作一次成功的即兴演讲就不是一件太难的事了。

鲁迅很善于随机应变，即兴演讲。他在厦门大学研究院任教时，校长林文庆常克扣办学经费，刁难师生。

一次，林把研究院负责人和教授找来开会，提出要将经费再减掉一半。大家听后纷纷反对，可是又说服不了林。林怪声怪调地说："关于这件事，不能听你们的，学校的经费是有钱人拿出来的，只有有钱人，才有发言权！"说完后，林洋洋得意地双手一摊。

在场的人都怔住了，面面相觑，无话反驳。突然，鲁迅"唰"地站起来，从口袋里摸出两个银币，"啪"地一声放在桌上，铿锵有力地说："我有钱，我也有发言权！"

鲁迅借林的话随机应变，冷不防的反驳使林措手不及。接着鲁迅慷慨陈词，大谈经费只能增不能减的道理，一款一项，有理有据，林文庆当场被驳得哑口无言。

鲁迅先生"拍钱而起"，这个触点就抓得非常好。

3. 要言简意赅

受场合、事件、内容、时间的限制，即兴演讲不允许做长篇大论，必须言简意赅，即所谓的"有话则长，无话则短"。

言简意赅的关键，在于演讲者要紧紧抓住演讲主题，围绕主题选材，组织结构，不枝不蔓，语言精练，要言不繁，争取做到言有尽而意无穷。

4. 要生动活泼

即兴演讲还有一个要求，就是要生动活泼，机敏过人，以增强临场气氛，服务活动主旨。演讲者可用听众比较熟悉的特定地点、特定节目，或具有某种象征意义、纪念意义的实物等来设喻，将抽象的道理说得生动形象，增强演讲的通俗性和说服力，使人听起来亲切动情。

著名爱国人士续范亭先生在晋绥边区抗战学院向学生做开学演讲时，开场就说：

“我作为你们的校长，不似别人要你们服从我个人，不是的！而是要你们服从革命。今天礼堂门口挂着‘熔炉’两个字，很好。现在中国有三个熔炉：一是延安和各个边区，八路军和新四军所在地——这是革命的熔炉；二是大后方的熔炉，有革命的，也有施行顽固教育的；三是汪精卫——日本奴才的熔炉……”

他即景生情，随手拈来，把性质不同的三种环境比作影响人、改造人的三种不同“熔炉”，加深了学员对革命熔炉的理解，反映出演讲者才思敏捷，也使听众油然而生敬意。

5．要懂得收放

即兴演讲常常是由某种特定的场景、特殊的时代与场景引起的。时代场景的刺激触发演讲者的灵感，使之产生了不吐不快的欲望。

有些人却不管不顾，只要兴致一来，便忘乎所以，一发挥便如黄河决口，再也收不住。俗话说，识时务者为俊杰，演讲者如果不会见机行事，随机应变，就算是有口才，也只能令人生厌，让听众感觉“腻”。

2.三定、四问与五借

一般来说，在构思即兴演讲的内容时，可以遵循“三定”、“四问”、“五借”的模式。

1. 三定

“三定”是即兴演讲快速构思的第一件大事，第一步工作。接到即兴演讲的邀请时，要快速确定话题，快速确定观点，快速确定范围。没有话题，就没有抓手，没有入门之路，没有思考的方向；没有观点，就没有主题，没有核心，没有思考的基点；没有范围，就没有框架，没有限制，没有思考的约束，无法快速构思成篇。

某校有位学生会主席，他参加一个班级“关于培养良好学习习惯”的主题班会时，临时被班长邀请作即席发言。他先快速确定话题：“三岁定八十”；再快速确定观点：青少年时期养成的良好习惯，将影响人的一生；然后快速确定范围：中外成功人士如何在年幼时培养好习惯，当代学生如何培养好习惯。“三定”使他成功地快速构思，面对“突然袭击”仍能从容不迫，应对自如。

2. 四问

快速构思时，必须向自己提出四大问题：什么时间，什么听众，什么场合，别人已经讲过什么内容。这“四问”能从四个方面约束思路，快速找到即兴演讲的框架。

有位因家庭动迁新转学到某校就读的高二学生，在新学期伊始的班会上，接到班主任的邀请，让他作即兴发言。他在极短的时间里快速“四问”，得到的答案是：新学期面对新伙伴、新老师，在气氛热烈的迎新（新世纪、新学年）场合中，在其他人已经说了许多迎新决心的时候发言，必须特别注意“针对性”，要讲既符合听众需要，符合会议主题，又具有新鲜感的内容。

他巧妙地由“动迁”想到“辞旧”。要迎新必先辞旧，要和这么多的新伙伴、新老师一起学习，必先“辞”掉自己身上的种种“旧”习惯、旧方法、旧想法。他以“辞旧迎新”四个字迅速构想了一席符合“四问”结果的即兴发言，获得了热烈的掌声，老同学们兴奋地评价：来了一位出口成章的“口才专家”。

3. 五借

即兴演讲中，快速构思也有可循之路，这些思路可归纳为“五借”：借题发挥，借事发挥，借景发挥，借地发挥，借话发挥。

第一，借题发挥。即巧妙地借用当时的主题，如会议的议题等作发挥。或剖析议题的概念，或对议题作引申发挥，或阐述议题蕴含之义，等等，以此列出若干层次，发表感受。

语言学家张志公参加一次演讲研讨会，被邀请即兴发言。他稍加思索，脱口说道：

我有自知之明，我不是演讲家。因此，我先做个声明：我讲话不超过五分钟。

演讲是科学，演讲是艺术，演讲是武器。

什么是科学？科学是对客观事物规律的认识。演讲没有规律吗？不能认识吗？不是的，它是有规律性的，所以说它是科学。

演讲不仅诉诸人类逻辑思维，而且诉诸人类形象思维。不仅要用道理说服人，还要用感情感染人，所以说它是艺术。

演讲捍卫真理，驳斥谬误，所以说它是武器，而且是重要的武器。

张志公的这番话，是从“演讲”这个题目出发，剖析其概念，从“科学”、“艺术”、“武器”三方面一一道来，条理清晰，论点鲜明。如果我们参加“创新思维讨论会”、“学习方法交流会”等会议，也可以从“创新思维”、“学习方法”等题目入手，剖析概念，阐释含义，快速构想出发言思路，作一席精彩的即兴发言。

第二，借事发挥。即巧妙地借用会议内外的一些事情，找出这些事情与会议中心的某些关系，进而深入阐述，完成即兴发言。

某次全国人大小组讨论会，桌上有水果招待。一位代表吃橘子后说牙齿不好，吃一个就不能再吃了。另一位代表便借用这件事发挥，快速构思了一席很成功的发言：

我昨天掉了一颗牙，我的孙子最近也掉牙。我们两人掉牙有本质的不同。我掉牙是衰老的表现，而我孙子掉牙却是成长的象征。

同样，改革中出点问题，就像小孩子掉牙一样，是新生事物发展中的问题。前进中的问题，本身就包含着解决问题的因素。只要继续前进，问题就会解决。

20世纪80年代初，广东放开物价，鱼价一下子上去了，群众有意见，上级部门也有不同看法，可省委、省政府硬着头皮前进，终于抗过去了。现在广东的鱼价在全国各城市中是最便宜的。可见，对新旧交替过程中的问题，应积极采取新的办法解决。

这席话中借用“掉牙”的事，与改革中的各种问题作类比，形象、生动、自然。

作即兴发言时，如果能从生活里新鲜有趣的事情中借用一两件，以此同类相比，深入问题的本质，常能快速有效地构思成篇。

第三，借景发挥。即巧妙地借眼前之景，生活之景，乃至会场之景，以此生发，迅速形成发言的“由头”，并以此构成全篇的框架。

作家郭风去闽北参加一个笔会。当主持人宣布笔会开幕时，门外适时爆响一串鞭炮，这使会场顿时增添了几分热烈的气氛。接着，发言者陆续开始念发言稿。

当郭风被邀作即席发言时，他脱口说道：

“我想今天会议的气氛特别感人，因为就在刚才鞭炮响时，我看见有两只蝴蝶从窗外飞了进来。我看见那是两只小小的，孱弱的，但又十分美丽的蝴蝶。我以为它们就是被我们的笔会所吸引而飞来的，由此我也被深深地感动了……”

话音未落，全场已响起一片热烈的掌声和由衷的笑声。

郭风巧借会场之景，作为发言的引子，自然而贴切。我们在作即兴发言时，也可借会场中的某一摆设，某一幅画，某一种情景，或借用会场内外的某种景物，以此作引子，以期取得“由具体到抽象”的良好效果。

第四，借地发挥。即巧妙借用会议地点，为发言服务，引出一番妙语。

香港回归前某一年年底，香港宝莲禅寺天坛大佛举行开光典礼，新华社香港分社社长周南和港督彭定康应邀作主礼嘉宾。

仪式过后，彭定康借回答记者提问之机，无端指责我“港澳办”关于香港问题的声明“并不是一份有特别吸引力的圣诞礼物”。

周南闻言，便借用宝莲禅寺这一佛门圣地，说道：“谁搞‘三违背’，定会苦海无边、罪过！罪过！谁搞‘三符合’，自是功德无量，善哉！善哉！”说罢，再加上一句“阿弥陀佛”，引得在场的人哄堂大笑，那个挑衅的小丑彭定康则羞得无地自容。

借用会场所在地，阐发一些与之相关的道理，引出一些妙语，常能为构想整篇发言开出一段生动的引子，进而理出清晰的思路。

第五，借话发挥。即借用前几位发言者讲的某一句话作发挥，或肯定，或质疑，或引申，进而快速构思一番发言。如有同志参加某市推广普通话研讨会，与会者大多是各区县负责推普工作的干部。其中一人在前六七人发言后，接口说：

方才几位的发言极好。一位说她自1982年起从事推普工作，屈指算来，至今已有18个春秋了，可称之为‘老普’（听众大笑）。这种坚持平凡工作的韧性很可贵。另一位说她搞推普用‘挤进去’的态度，‘挤’得好呀！应当‘挤’(听众活跃)。推普，要打持久战，要有韧劲；还要有‘夹缝中求生存’的‘挤’劲，但我以为还可以加一条，即“钻”劲。因为推普还有很多学问，非刻苦钻研不可……

这一发言，既肯定前几位发言的可取之处，又巧作发挥，阐明自己的观点。这种“借话发挥”，常能使沉闷的会场为之一振：被提到的发言者会因你的肯定而高兴，乐于倾听；其他人会因你从刚才的发言内容谈起而感到亲切；主持人会因你从会议本身取材而感谢你，觉得你是紧扣会议主题内容的。

“三定、四问、五借”是快速构思即兴演讲的重要法宝。这个法宝来自实践，又在实践中发展。

3.打破无“兴”的尴尬

兴者，兴致，兴趣也。即兴演讲既要即兴发挥，又要讲得“兴”味十足，这才能吸引听众，激发听众的兴趣。那么，如何让即兴演讲“兴”更浓呢？

1. 投其所好

即兴演讲一般常在小规模、小范围内进行，主题较单一，针对性也强。这样就更需要了解听众的口味，捕捉听众的心理.只有做到见什么人说什么话，投其所好，才能触发听众的兴奋点，增加演讲的“磁性”。

比如，在中国人民的老朋友——美国记者安娜·路易斯·斯特朗八十诞辰的庆祝会上，周总理就巧妙抓住西方女士喜欢别人说她们年龄小的特点，与中国称“斤、里”时比“公斤、公里”数值小一半的情况联系起来，笑着要大家为斯特朗的四十“公岁”举杯庆贺。满座来宾听后皆捧腹大笑，斯特朗则笑出了眼泪。周总理演讲一开始，便让人感到兴趣盎然，从而取得了成功。

2. 顺手牵羊

这个成语本来比喻顺便拿走人家的东西，在即兴演讲中，则指把别人刚说过的话（或主旨）顺手牵来归为己用。舀他人池中之水，兴自己湖中之波，既方便又有趣，只要用得自然巧妙，就可为自己的演讲增光添彩。

1948 年，郭沫若在萧红墓前即兴演讲时，就采用了这一招。他简单谈了“五分钟演讲”之困难后，就顺手“拿来”另一位演讲者的话：

我听了刚才 × 先生的 2 分钟演讲，太漂亮了！他说，人民的作家萧红女士，一生为人民解放事业奔走，到头来死在这南国的海边，伙伴们把她埋在这浅水湾上。今天，围绕在她周围的都是年轻人，今后的日子里，不知有多少年轻人来围绕着她。朋友们！我们是年轻人，我们没有悲伤，我们没有感慨，请大家向萧红女士鼓掌。

太好了，我的 5 分钟演讲只好改变计划了，让我把年轻引申来说一下吧。

他的话立即使气氛变得轻松活跃起来。本是重复他人，却说出了自己想说的意思；本是“投机取巧”，却显得机智风趣。既赞扬了别人，又为自己的演讲起了兴，助了兴，真可谓顺手牵羊，一举两得。

3. 自我解嘲

在即兴演讲中，演讲者如能适时、适度地自我解嘲，“歪曲”一下自己，是有高度智慧和教养的表现。演讲者可以借此生发幽默，来“润滑”演讲者与听众的关系，增加演讲的趣味。

1930 年 2 月 9 日，蔡元培先生 70 岁生日，上海各界人士在国际饭店为他设宴祝寿。他在答谢时风趣洒脱地说：

诸位来为我祝寿，总不外要我多做几年事。我活到了 70 岁，就觉得过去 69 年都做错了。要我再活几年，无非要我再做几年错事喽。

宾客一听，哄堂大笑，整个宴会充满了欢声笑语。试想，如果他摆出一副严肃相，一本正经地致答谢辞，就不会创造出这样轻松愉悦的气氛。

4. 暗度陈仓

“明修栈道，暗度陈仓”，是指作战时正面迷惑敌人，然后从侧面突然袭击。即兴演讲中，也可以使用这种战术，表面上即兴驱遣，谈与正题无关的事，实际上是在为过渡到正题上作铺垫。

5. 随机应变

即兴演讲常常是由于某种特定的场景，特殊的时境引起的。场景、时境的刺激触发了演讲者，使之产生了“不吐不快”的欲望。然而有些人只要兴致一来，便忘乎所以，一“发挥”便如黄河决了口再也收不住。俗话说，识时务者为俊杰，演讲者如果不会见风使舵，随机应变，就是有口才，也只能令人生厌，让听众“腻味”。

6. 对比映衬

1991 年 11 月，李雪健因主演《焦裕禄》的主角焦裕禄，同时获得“金鸡奖”和“百花奖”两个大奖。他在答谢时没有用别人常说的毫无新意的套话，只是诚挚地说：“苦和累都让一个大好人——焦裕禄受了，名和利都让一个傻小子李雪健得了。”他的话刚落，全场掌声雷动。

他的演讲不仅让人“开胃”开心，而且让人了解了他的人格，对他生出了几分敬佩。他的演讲同他的形象一样印在听众心中了。

4. 遭遇思维“卡壳”怎么办

在即兴演讲过程中，有时会突然出现思维中断，一下子讲不出话来的“卡壳”现象。没有演讲稿供你应急，如果你不能及时有效地接续演讲，就可能使自己陷入无法摆脱的窘境，由此导致整个演讲失败。

在一次以“公正自在人间”为主题演讲中，某演讲者说，“什么是公正？世界上有真正的公正存在吗？”这个时候，他情绪激昂，语调铿锵有力，恰在此时，他发现自己的大脑突然一片空白……

这位演讲者当时有些紧张，但他很快稳下神来。只见他微笑了一下，刚才激昂的语调变得有些低沉，语速也慢了下来，接着讲道：

其实对于这点，我也常常感到困惑和茫然，有时我也不相信这世界是公正的。就在登台之前，我还自嘲地去想：你真的相信‘公正自在人间’吗？所以我很想听听大家的想法。

此言一出，真是一石激起千层浪，也启动了大家的思维和好奇心。他走下演讲台，点了几个想要发言的听众，请他们说出各自对于公正的理解。

演讲者利用听众思考回答的这段时间，快速思考下面应该讲什么，应该怎么讲，及时化解了这次危机。

听众回答完后，他接着说：

听了大家的一席话，困扰我多时的难题突然间变得简单而明了，我想发自内心地说一句：公正自在人间！

刚才大家的话，让我突然想起一篇以前看过却未认真思考过的文章。文章讲，曾有一位外国的编辑，经常收到一些小读者的来信，信上问他上帝是不是公正的，为什么好孩子经常会吃亏呢？

他也很困惑，不知道怎么向孩子解释。在一次参加别人的婚礼时，牧师的一句话给了他很大的启发，他终于找到了一个合理的解释：上帝是公平的，他让好孩子成为好孩子，这就是对好孩子最大的奖赏啊。所以好孩子有时会受到一些委屈，但和上帝给予的奖赏相比，这又算得了什么呢？

演讲者说完，台下响起雷鸣般的掌声。

这位演讲者是聪明的。在忘词之后，他并未自乱阵脚，而是积极思考，向听众提出问题，为自己赢得了重新构思和组织演讲材料的时间。

面对“卡壳”，演讲应该如何处理呢？下面几种对策，演讲者不妨试试，也许会帮助你从演讲的“卡壳”中解脱出来。

1. 向听众提出问题

在演讲过程中，你刚说完一层意思，却不知道往下说什么了。这时该怎么办？其实，你可以承接语意，巧妙地提出一个有针对性的问题，以这种方式调整思维，往往能够达到接续演讲的目的。

比如，你讲了“年轻人应当善于抓住机遇”的道理之后，突然卡壳，这时你可以向听众提一个问题：“那么我们应当怎样做，才能抓住机遇呢？”这样，思路一打开，讲下去也就很容易了。

2. 避开自己不懂的地方

很多时候，有些卡壳的场面是由于暂时性遗忘造成的，那些遗忘的内容就是所谓的“盲点”。一旦出现“盲点”，你不必同它周旋，明智的办法是跳过去，避开“盲点”，继续讲后面的内容。

3. 临时插入话题

在演讲“卡壳”时，你可以观察一下现场和听众，临时说几句其他话题。比如，你可以这样说：“我想，在座的各位也许就有人经历过这样的事，有着与我相同的感受。”或者，你也可以这样说：“讲到这里，我发现有人在下面小声议论，我很想听听大家的高见，还请大家多多指教！”

临时插入话题，实际上就是现场与听众交流，这很有可能会成为你解脱“卡壳”的契机，这时你有了思考的时间，可以想想下面应该说什么。

4. 想一想演讲的题目

有时候，“卡壳”是没有演讲稿造成的，也可能是任意发挥造成的。这时，你可以想想自己演讲的题目是什么。题目是演讲内容的核心，它往往能够触发你的灵感，调动你脑中相关的信息，让你有思路继续讲下去。

5. 不妨适当重复

在卡壳时，你不妨把刚才说过的话再重复一遍，也许会帮你突出重围。重复容易激活思维的“惯性”，迅速消除记忆障碍，使你演讲的语意一下子连贯起来。如果你衔接好了，听众还以为你在强调某个问题呢！

6. 变换角度去想

面对“卡壳”的尴尬，你可以变换一下角度去想，也许思路就被打开了。比如，你谈学习上成功的经验，突然没词了，那就说一说学习中的教训吧，同样也会给听众以启发；你想举出他人的例子来阐述“人生在于拼搏”的道理，突然没词了，这时你不妨谈谈自己的人生经历和感受，一样可以突出主题。

5. 傻瓜即兴演讲法

随着生活节奏的加快，现代人似乎显得越来越没有耐心，因而更青睐一些“傻瓜”式的工具。如相机，不用对焦的“傻瓜机”一直是市场上最受欢迎的。

在这里，编者也介绍一则“傻瓜即兴演讲法”给各位读者。这个方法是美国演讲专家理查德总结出来的。这个方法分为四个步骤，只要你按照这四步来做，就可以作一个基本达标的即兴演讲。这四步是：一，说什么；二，为什么要说；三，列举相关例子；四，怎么办。

为了让大家对这个方法有更直观的认识，下面我们以闻一多先生的一篇即兴演讲《最后一次演讲》作为例子，谈谈如何用这四步来进行即兴演讲。

1. 说什么

因为时间的关系，即兴演讲最适宜采取单刀直入的方法。1946 年 7 月 11 日，著名的民主人士李公朴先生被特务暗杀了。闻一多于次日清晨听到消息赶到医院，见到李先生遗体，抚尸大恸。7 月 15 日，在云南大学至公堂举行李公朴先生悼念会。虽然事前从安全考虑，没有安排闻一多先生讲话，但闻一多拍案而起，挺身走上讲台，义愤难抑地发表即席演讲。他的演讲是这样开场的——

这几天，大家晓得，在昆明出现了历史上最卑劣最无耻的事情！李先生究竟犯了什么罪，竟遭此毒手？……

闻一多的即兴演讲可谓开宗明义，直奔主题，向所有的听众交代自己要说的事情与立场。这几句话包含两层意思：A. 揭举国民党反动派倒行逆施，近日干出了“历史上最卑劣最无耻的事情。”B. 谴责反动派造下的这次罪恶：“李先生究竟犯了什么罪，竟遭此毒手？”

2. 为什么要说

为什么要说呢？请看——

他只不过用笔写写文章，用嘴说说话，而他所写的，所说的，都无非是一个没有失掉良心的中国人的话！大家都有一支笔，有一张嘴，有什么理由拿出来讲啊！有事实拿出来说啊！为什么要打要杀，而且又不敢光明正大地来打来杀，而是偷偷摸摸地来暗杀！这成什么话？

今天，这里有没有特务？你站出来！是好汉的站出来！你出来讲！凭什么要杀死李先生？杀死了人，又不敢承认，还要诬蔑人，说什么“桃色事件”，说什么共产党杀共产党。无耻啊！无耻啊！这是某集团的无耻，恰是李先生的光荣！李先生在昆明被暗杀，是李先生留给昆明的光荣！也是昆明人的光荣！

在这一段里，闻一多清楚的地道出了此番讲话的核心目的：李公朴“只不过用笔写写文章，用嘴说说话，而他所写的，所说的，都无非是一个没有失掉良心的中国人的话”，他的所作所为，是正大光明的，是爱国的，是正义的，却“遭此毒手”——“我”当然要揭发与控诉。此外，杀了人还不承认，也不沉默，往死者身上大泼污水，更是“我”不能沉默的原因。

3. 列举相关例子

紧接着，闻一多开始举例子——

去年“一二·一”昆明青年学生为了反对内战，遭受屠杀，那算是青年的一代献出了他们最宝贵的生命！现在李先生为了争取民主和平而遭受了反动派的暗杀，我们骄傲一点说，这算是像我这样大年纪的一代，我们的老战友，献出了最宝贵的生命！这两桩事发生在昆明，这算是昆明无限的光荣！

……

你们杀死一个李公朴，会有千百万个李公朴站起来！……历史上没有一个反人民的势力不被人民毁灭的！希特勒，墨索里尼，不都在人民面前倒下去了吗？翻开历史看看，你们还站得住几天！你们完了，快完了！我们的光明就要出现了。我们看，光明就在我们眼前，而现在正是黎明之前那个最黑暗的时候。我们有力量打破这个黑暗，争到光明！我们的光明，就是反动派的末日！

李先生的血不会白流的！李先生赔上了这条性命，我们要换来一个代价。“一二·一”四烈士倒下了，年轻的战士们的血换来了政治协商会议的召开；现在李先生倒下了，他的血要换取政协会议的重开！我们有这个信心！

在以上的演讲辞中，闻一多举出了“一二·一”昆明青年学生遭受屠杀的血没有白流，以此表明李先生的血也不会、不能白流。他还列举了希特勒、墨索里尼这些独裁者的下场，以此鼓舞民众并打击在场的特务。

4. 怎么办

“怎么办”是最后一步。这一步是要告诉听众你说这些想让听众明白什么或做些什么，最好能讲得生动一点，具体一点，实际一点。从根本上说，“怎么办”是演讲者的目的所在。如果演讲者忘记了这一步，或者这一步处理不好，就会给听众留下无的放矢或不知所云的感觉。

我们来看闻一多是如何演讲的——

正义是杀不完的，因为真理永远存在！

历史赋予昆明的任务是争取民主和平，我们昆明的青年必须完成这任务！

我们不怕死，我们有牺牲的精神！我们随时像李先生一样，前脚跨出大门，后脚就不准备再跨进大门！

在演讲将要结束时，闻一多告诉听众：正义是杀不完的，我们昆明青年要为争取民主而努力，并作好牺牲的准备。至此，闻一多的即兴演讲圆满完成。其雷霆万钧之力让民众热血沸腾，让反动派如坐针毡。当天，在演讲回家的途中，闻一多被反动派暗杀。

不光是闻一多的即兴演讲符合理查德的“四步曲”，很多演讲名篇，大致都是一个这样的结构。这个结构并不难，如果你掌握了，下次在大庭广众之中作没有准备的发言时，不妨按照这个步骤发言，这至少能保证让你有条不紊地陈述自己的观点，而不会陷入张口结舌、东拉西扯的窘境。如果你有几分钟时间来准备的话，在纸上按照这四个步骤写个简短的提纲，则更能保证你即兴演讲的顺利与圆满。

第9章

结尾也需巧思妙想

结局当如撞钟，清音有余。好的结尾能重新掀起演讲的高潮，极大地鼓舞听众，激起听众行动的愿望，使听众与演讲者产生强烈的共鸣，从而达到演讲的最终目的。本章将着重介绍如何给你的演讲做一个漂亮的结尾。

明代学者谢榛认为："结局当如撞钟，清音有余。"好的结尾能重新掀起演讲的高潮，极大地鼓舞听众，激起听众行动的愿望，使听众与演讲者产生强烈的共鸣，从而达到演讲的最终目的。

美国作家约翰·沃尔夫说："演讲最好在听众兴趣到高潮时果断收尾，在兴趣未尽时戛然而止。"这是演讲结尾最为有效的方法。就像是一场演出，有了出彩的开场，吸引人心的内容以外，一定要配上一个有意义的结局，这样的演出才算得上完美。

1. 让演讲余味悠长

有个人去买花生米，老板给了他十粒，说："你先尝尝香不香，香就多要，不香就换别家。"这个人吃了一粒觉得很香，就说："来两块钱的。"然后他又吃了几粒，越吃越香，就说："多来点吧，再添几块钱，干脆来十块钱的。"老板把花生米称好了。这个人吃到了最后一粒，凑巧是一颗发霉的花生米，他张嘴一咬，只觉得又苦又涩，一股霉气，顿时连连吐口水，然而嘴里那股味道还是散不去。他没好气地说："不要了，难吃死了。"然后就阴着脸走掉了。

对于演讲来说，结束语是演讲者走向成功的关键一步。结尾好，就如乐曲结束时的"强音"，动人心魄；结尾不好，则犹如吃花生米，吃到最后一粒是个坏的，又苦又涩，一股霉味，就会使整个演讲失去原有的效果。

明代学者谢榛认为："结局当如撞钟，清音有余。"好的结尾能重新掀起演讲的高潮，极大地鼓舞听众，激起听众行动的愿望，使听众与演讲者产生强烈的共鸣，从而达到演讲的最终目的。

在演讲处于高潮的时候，听众大脑皮层高度兴奋，注意力和情绪都由此达到最佳状态。如果在这种状态下突然结束演讲，那么保留在听众大脑中的最后印象就特别深刻。

林肯在以"尼亚加拉大瀑布"为题材预备一篇演说时，用的就是层层递进的方法来结束演讲。下面来看他的比较是不是一个比一个更有力量，他怎样以哥伦布、耶稣、摩西、亚当等人所处的年代，与尼亚加拉大瀑布相比，并获得神奇的演讲效果：

这要推到无限的久远，当哥伦布最初发现这块大陆；当耶稣基督被钉在十字架上；当摩西率领以色列人渡红海；啊，甚至亚当从创世主的手里出来，从那时一直到现在，尼亚加拉就在这里怒吼！

古代巨人的眼睛，像现今我们的眼睛一样，曾经看见尼亚加拉，与第一代人种同时代，比人类的第一个始祖还老，一万多年前的尼亚加拉，和现在是同样的新鲜有力！我们只能见到那庞大骨骼的前世巨象和爬虫，也曾见过尼亚加拉——从那样的久远年代起，尼亚加拉从无一刻静止，从未枯竭，从未冻凝，从未睡去，从未休息！

钢铁大王卡内基最得意的助手史可伯先生，有一次在纽约宾夕法尼亚协会演说，他的结尾是：

我们宾夕法尼亚州，应该领导推进时代的巨轮，因为她是出产钢铁最多的一州，是世界上最大的铁道公司的养育之母；就是农产品，也在各州中占第二位。所以，宾夕法尼亚州是我们经商的基石，它的前途远大，做领袖的机会尤多，决非别州所能及！

史可伯用了这几句话来做结束，使听众们个个都感觉高兴，这真是一个很好的结束方法。但是，要使这种方法生效，必须有诚恳的态度，同时又不可说得过分，以避谄媚之嫌。否则，稍露做作之态，难免被人看作虚伪，他们会像对待一张假钞一样拒不收受。

结束语是演讲内容的自然收束。言简意赅、余音绕梁的结尾，能够使听众精神振奋，促使听众不断地思考和回味；松散疲沓、枯燥无味的结尾，则只能使听众感到厌倦，并随着时间流逝而被遗忘。

怎样才能给听众留下深刻的印象呢?

幽默大叔林语堂的结尾总会出其不意，令人捧腹。

有一次，他应邀参加了一次国际读书会。在会上，他畅谈了东方人的人生观和他的写作经验。台下的观众都被他娴熟的英文、充满智慧与幽默的发言迷住了。

正当大家听得入神时，他却出乎意料地说道:“中国哲人的作风是，有话就说，说完就走。”说罢，拾起他的烟斗，挥了挥长袖，离开讲台，飘然而去。

他用这种幽默的方式，给人留下了深刻的印象，也让他的演讲在世界演讲史上留下了一段佳话。拿破仑说过:“兵家成败决定于最后五分钟。”我们同样可以说，演讲的成败在相当大程度上取决于演讲的结尾。这是因为，如果演讲者设计和安排的演讲开头和高潮很精彩，那么再加上一个出人意料、耐人寻味的好结尾，就会如同锦上添花，给听众带来精神上的愉快和满足。相反，如果演讲者安排的结尾没有新意，无法激起波澜，陈旧庸俗，那就会使听众觉得索然无味，失望而去。

演讲的结尾是走向成功的最后一步，它在整个演讲中起着不可忽视的重要作用，演讲的结尾要比开头和主体部分要求更高，内容要更有深度，语言要更有力度，方法要更巧妙，效果要更耐人寻味。

2.常见的结束语

在撰写演讲稿的过程中，如果你实在想不出更高明，更能引起听众共鸣的结束语，也可选择几种常见的、有效的演讲结束方式。

1. 誓“志”明真诚

这是竞聘演讲常用的一种结尾方法，是指演讲者表明自己“上任”后的抱负和决心。在竞聘村委会主任的演讲会上，一位刚从管理学院毕业的小伙子，在演讲结束时这样说：

我虽然没有当干部的经验，但我有为官一任、造福一村的热情。如果选我当村委会主任，我保证两年之内实现以上规划，让咱村改变面貌，让大家人人抱上金饭碗。说到做到，决不放空炮。如不兑现，我甘愿下台受罚！不仅我这一百多斤要交给大家，我还要把我家的楼房和几万元存折都压上。

他“明明白白”表明了自己的信心和决心，使听众很快由怀疑、惊奇变为信任和亲近，话音刚落，台上台下便掌声一片。他的真诚深深感动了乡亲们，不少人都投了他的票。

2. 号召引共鸣

有的演讲者喜欢在结尾时直接向听众提出希望，发出号召。这种号召在鼓舞、激励听众的同时，也增强了演讲的气势。

3. 赞颂获好感

俗话说：“良言一句三冬暖。”在演讲结尾进行诚挚的赞颂，无形之中会充满情感和力量，极容易拨响听众的感情之弦，引起听众强烈的共鸣。

胡锦涛总书记在巴西国会的演讲结尾是这样的：

“千山万水隔不断真挚友情。中国和拉美从来没有像今天这样接近，明天我们双方必将更加接近。让我们携起手来，抓住历史契机，为开创中拉友好合作关系新局面，造福中拉人民和促进世界和平与发展的崇高事业而共同努力。”

胡总书记以“千山万水隔不断真挚友情”这句俗语为切入点，对中巴两国的今天、明天进行了高度的赞扬。与此同时，对两国紧密合作对世界和平与发展的影响进行了赞颂。这一结尾必然会感动在场听众，加深两国的友好合作关系。

4. 抒情显水平

在演讲结尾时，如能巧妙地借用当时的景物来抒情表志，也可以为演讲助一臂之力。

一次，县委在大会议室举行副局级干部竞聘演讲会，那天天气很阴沉。当诸葛洪钢竞聘教育局副局长的演讲就要到尾声的时候，外面电闪雷鸣，几乎淹没了他的声音。他稍停顿了一下，指着窗外说：“同志们，听着窗外响起的阵阵春雷，我的心中不由得一震，是啊，我们的屋内不也是春雷滚滚吗？干部聘任制度改革的春雷，正在我们这块天空上震响，在这场竞争中，也许我只是一个过客，但我要张开双臂，为春雷春雨的到来而欢呼！”

他巧借突如其来的天气变化来抒发自己的情感，比起那些“背稿”的演讲者来说，显然技高一筹。他的讲话激起了如雷般的掌声。会后人们还对他的机智赞不绝口。

5. 反问留余味

在演讲结尾时，演讲者向听众提出与主题有关的问题，甚至是一系列的问题，让听众进行思考。这样的结尾方式，优点在于能更好地让观众参与到演讲中来，而且让人深入思考，做到余味悠长。这种方法能使听众自己思考答案，大家可以将其与其他方法配合使用在演讲结尾中。

如演讲稿《人生的价值何在》的结尾：

我们的雷锋，在他短暂平凡的人生中，创造出了巨大的人生价值，给我们留下了无与伦比的精神财富，那么，亲爱的朋友们，在漫长而又短暂的人生之路上，我们将做些什么？创造些什么？留下些什么呢？

这个结尾采取对比和提问的手法，听后令人深思，发人深省，叫人不得不扪心自问，三省吾身，给听众留下了哲理性的思索和回味。

6. 言“谢”显真情

大多数时候，当演讲结束后，讲演者一般都要礼貌地说声“谢谢”，但“谢”字也有说的好与不好之分。说得好，不仅可以显示演讲者礼貌待人的文明素质，还能够成为沟通演讲者与听众们心灵的虹桥。

请看下列三段结尾：

“我的演讲完了，谢谢。”

“最后，让我再次感谢你们，我的听众们，感谢你们对我的支持和鼓励。”

“今天天气这么冷，大家还都来捧场，这使我非常感动。无论最后结果是否成功，我都要向在座的朋友们表示深深的谢意！（说完给大家深深地鞠了一躬。）”

以上是三名演讲者在同一次竞聘演讲会上的结束语，虽都是言“谢”，但第一个人有“客套话”之嫌，掌声一般。第二个人的“再次感谢”，比第一个人的要显得真诚，因此获得的掌声较热烈。反响最强烈，给听众印象最深的，还是第三个人的结尾，他字字含真情，句句发肺腑，所以在他下场之后，人们还在为他鼓掌。由此看来，“谢”字里面也大有文章。

3.高明的结束语

一篇高明的演讲稿，必定有一段高明的结束语。高明的结束语，往往能给听众带来余味悠长的感觉，仿佛投入到水中的一粒小石子，在听众的心中激起阵阵涟漪。

1. 首尾呼应

在你的演讲结尾时，紧密联系开场白中的内容，可以让你的演讲听上去浑然一体。最适合用这个方法的演讲是：你在开场白中提出了问题，或者你的开场白是一则小故事。

一个教育系统的官员，在对新聘教师讲话时，以自己小时候在学校的一个经历作为开场白，他是这样说的：

我在当教育局局长前，也做过10多年的教师。在我做教师前，也曾是一个学生。在我读初三前，成绩一直不好，调皮而又捣蛋，经常是老师体罚与批评的对象。可以说，我在老师们的负面评价中已经习惯了，我觉得我就是一个无可救药的“坏学生”。

但在我上初三时，新的班主任很少批评我了，他总是努力挖掘我好的一面，表扬我，夸赞我。即使是偶尔批评，也是先表扬，再说“要是你能如何如何就更好了”。

在那一年里，我惊奇地发现自己原来有那么多的优点，我决定做得更好。在我努力的过程中，我赢得了班主任更多的正面评价与鼓励。在这种良性循环中，我的不良行为举止得到了纠正，并出人意料地考上了高中。三年之后，我又考上了大学。

在结尾时，他又提到了开头的故事，并把它与自己讲话的主题——“关爱与悦纳每一个学生”联系起来：

在座的每一位即将走上岗位的老师，都会碰上30年前的我这样的所谓差生，我希望你们不放弃、不抛弃他们，我希望你们能用发自内心的喜欢去接纳他们，用积极正面的夸赞去引导他们，而不是用无休止的批评去打击他们。我希望那些所谓的差生，都能像我当年遇到的那位班主任一样，在老师的帮助下重建自信，迈向人生的高峰！

这样首尾呼应的结束语，浑然天成，无可挑剔，让人不觉陷入沉思。

2. 概括全文

演讲者讲的话，就好比是抓在手里的一把沙子，虽然抓住了一些，可大部分还是从指间滑落。听众们虽然听到了一大堆话，但不可能完整地记忆到脑海之中。当你在结束前，如果能够准确地梳理出自己在过去的时间内都讲了什么时，你已经取得了不小的成就。

钱学森生前的最后一次演讲《科技创新人才的培养》，就是一篇非政论性的演讲。演讲表达了钱学森对培养创新型研究者的希望，结尾总结了发言的要点，简洁工整，体现了他一贯的严谨态度，值得我们去揣摩运用：

我说了这么多，就是想告诉大家，我们要向加州理工学院学习，学习它的科学创新精神。我们中国学生到加州理工学院学习的，回国以后都发挥了很好的作用。所有在那学习过的人，都受它创新精神的熏陶，知道不创新不行。我们不能人云亦云，这不是科学精神，科学精神最重要的就是创新。我今年已90多岁了，想到中国长远发展的事情，忧虑的就是这一点。

如果阐述的内容太多，没有办法在短时间内去做总结性回顾，可以借鉴鲁迅先生的做法，在结尾的时候介绍演讲的大致范围，这也是一种总结的方式。

鲁迅的《魏晋风度及文章与药及酒之关系》，是一篇比较长的演讲，内涵丰富，涉及面广，谈到的历史人物又很多。这么多的内容，在结尾的时候不可能一一罗列出来加以总结，因此他说道：

“自汉末至晋末文章的一部分的变化与药及酒之关系，据我所知的大概是这样。但我学识太少，没有详细的研究，在这样的热天和雨天，费去了诸位这许多时光，是很抱歉的。现在这个题目总算是讲完了。”

虽然没有总结重点在什么地方，但是界定了演讲的主题与范围，并且没有空洞的套话，也是可以借鉴模仿的。

3. 用热情洋溢的话做结尾

要想让你的演讲结尾充满激情，可巧用排比，用演说术上的“阶升法”，让演讲情感一层比一层高，话语一句比一句有力量！

60年前，温德尔费利浦在讲到黑人图桑将军时，曾用这样的话作演讲结尾：

我要称他为拿破仑，可是拿破仑经过了毁约、失言、血流成河的战争而获得王位；这个人向来没有失言过，“不报复”是他的伟大格言，也是他一生的信条！他最后曾对他儿子说的话是：“我的孩子，终有一天，你还能回到故乡圣多明哥，忘掉法国曾杀死你的父亲。”

我要称他为克伦威尔，可是克伦威尔只是一个军人。他所建立的国家，同时与他埋葬在墓中。

我要称他为华盛顿，可是这位伟大的弗吉尼亚州人却使用奴隶；这个人宁肯以国家命运作冒险，也决不允许他的领土内的任何一个小村庄，去做买卖奴隶的事！

在结尾时如果能像这样，以热情奔放、扣人心弦的语言来表达自己的思想主张，也可以赢得听众感情上的共鸣，取得非同凡响的演讲效果。

4. 发出呼吁

二战初期，法国沦陷，法国民众在德国法西斯的铁蹄下惨遭蹂躏，戴高乐准将被迫逃亡到英国伦敦。在伦敦，他通过广播发表了一篇伟大的讲话——《谁说败局已定》，其结尾是这样的：

我，戴高乐将军，现在伦敦向法国的官兵发出请求，不管你们现在还是将来踏上英国的领土，不管是否持有武器，都请同我联系，我请求具有制造武器技能的工程师和技术工人，不管你们现在还是将来踏上英国的领土，都和我联系。不管风云如何变幻，法兰西的抗战烽火都不会被扑灭，法兰西的抗战烽火也决不可能被扑灭！

戴高乐将军在演讲的结尾，既吹响了集结号，又擂响了战鼓，为听众指明行动的方向和方式，鼓动起听众行动的勇气和力量。

5. 运用幽默结束演讲

“余音绕梁，三日不绝”，是演讲结尾追求的最佳效果。在多种多样的演讲结束语中，幽默式可算是其中极有情趣的一种。

一个演讲者能在结束时赢得笑声，不仅是自己演讲技巧十分成熟的表现，更能给本人和听众留下愉快美好的回忆，也是演讲圆满结束的标志。

除了某些较为庄重的演讲场合外，利用幽默结束演讲，可为演讲添加欢声笑语，使演讲更富有趣味，令人在笑声中深思，并给听者留下一个愉快的印象。

鲁迅先生《在上海中华艺术大学的讲演》中是这样结尾的：

以上是我近年来对于美术界观察所得的几点意见。今天我带来一幅中国五千年文化的结晶，请大家欣赏欣赏。（说时一手伸进长袍，把一卷纸徐徐从衣襟上方伸出，打开看时，原来是一幅病态十足的月份牌，引得哄堂大笑。在笑声和掌声结束了他的演讲。）

这个别出心裁、极具喜剧性效果的结尾，不仅进一步深化了主题，使听众对那种拙劣的美术创作加深了认识。同时也给听众留下了许多演说者没有讲出来而又令人深思的空白，让听众在美的享受和回味中，带着愉快的心情离开会场。

演讲者利用幽默结束演讲时，要做到自然、真实，使幽默的动作或语言符合演讲的内容和自己的个性，绝不要矫揉造作、装腔作势，否则只会引起听者的反感。

6. 引用诗文名句结束演讲

演说结尾，有许多方式可供我们参考，所有的方式中，假如做得恰当，再也没有比以幽默的话或引用名句最容易结尾的了。

事实上，如果你能引用适当的诗文名句作结束，那是最理想的，并可获得所希望的圆满，显出高尚和优美。

作为中国四大演讲家之一的彭清一教授，曾经在演讲结束时引用过这样一段名言：

“同志们，现在大家都在看《钢铁是怎样炼成的》这部电视剧。在这里，我想用保尔的那段名言结束这次演讲：人最宝贵的是生命，生命属于我们只有一次。一个人的生命应该这样度过：当他回首往事时，不因虚度年华而悔恨，也不因碌碌无为而羞耻。这样在他临死的时候就能够说：我已把整个生命和全部精力都献给了最壮丽的事业——为人类解放而斗争。”

由于大家都很熟悉这段话，所以当演讲者说出这段话后，立即引起了听众的共鸣，使得大家都跟着一起朗诵起来，大家合诵的态势，造成了演讲会场上久久不绝的“余音绕梁”效果。

以上只介绍了结束演讲常用的几种方式，值得注意的是，这些结尾在使用时并不都是孤立的，有时还可以两三种方式并用。另外，结尾同开头一样，没有不变的程式，只要我们敢于创新，不拘一格，细心体验他人成功的经验，就会创造出精彩、新颖、言已尽而意无穷的结尾来。

4.结尾的几大禁忌

演讲的结尾，就是演讲的“收口”、“点睛”。美国作家约翰·沃尔夫认为，“演讲最好在听众兴趣未尽时戛然而止”。其意是说，最好在演讲达到高潮时果断“刹车”，以此来强化给大众的最佳印象。有些演讲者在面对演讲结尾时，往往没有意识到结尾的重要性，结果使得本来精彩的演讲最后草草收尾。

1. 画蛇添足

出人意料，耐人寻味，才是我们要追求的演讲结尾；平庸无奇，画蛇添足，绝对是结束语的忌讳。

演讲的内容应该含蓄、深沉，让人感觉余音绕梁，不绝于耳。该停止的时候及时停止，千万不可画蛇添足，破坏演讲的整体效果。我们经常会看到有些演讲者，该讲的话已经讲完了，听众感觉演讲已经结尾了，但演讲者却还在喋喋不休，拖拖拉拉，没完没了地一直讲。

例如，他们经常会说，“前面说的几点是非常重要的，在此我还想强调一下，再啰嗦几句”。这样的话语，就是典型的画蛇添足。这必然会造成听众的心理疲劳和精神困倦，让听众产生不满甚至反感。

2. 虎头蛇尾

先是慷慨激昂，慢慢地有气无力，最后，如同一支在空气阻力下终于跌落的箭。这种虎头蛇尾的演讲，如强弩之末一样，没有任何穿透力。

曾经听到过一个演讲，主题是“21世纪中国青年的担当”。演讲开始时大开大合，有一种宏大叙事的大气。接着谈古今中外的历史、国际形势。结尾时，却冒出：“在这个大好的时代，我们有什么理由荒废时日，不上进，不奋进的呢？”

这样的结束语，空洞而又小器，使前面所有语言的力道尽失——箭终于跌落在地！

3. 冗长拖沓

演讲结尾要像豹尾那样，干净有力，干脆利落，短小精悍，简洁明快，新颖别致，以巨大的感染力，让听众的情绪激动、振奋起来。冗长拖沓，漫无边际，是演讲最忌讳的。有些演讲者一上台，不论有事没事，不论大事小事，一开口就要讲几十分钟，甚至个把小时，没完没了。他们似乎认为，说话时间的长短，能体现自己的级别、水平，其实，人人都反感大、长、空、假的演讲。

4. 偏离风格

就像一个人的穿着一样，你戴着礼帽，穿着西装、西裤，脚上却蹬着一双白跑鞋，这个样子让人看了非常不协调。演讲也是如此，你原先的演讲风格如何，你的结束语也应该按照这个基调收煞。

你一本正经地作新产品推介报告，到结尾时突然如文学家一般地感性，用诗人食指的《相信未来》作为结束语，这种格格不入让人听了就有一种说不出的不舒服。

5. 过于谦虚

“耽误大家的时间啦。”

“我讲的不一定对，希望大家多多指教！”

“如果我在演讲中有什么冒犯各位的地方，请大家多多包涵！”

以诸如此类的话来做结束语，简直就是自扇耳光。如果你自己都把自己的演讲当成“耽误大家时间”，认为自己“讲的不一定对”，或有“冒犯各位的地方”，你为什么不少耽误大家一点儿时间？为什么不拣自己有把握的、“对的”来说？为什么还要冒犯大家？你是不屑于去做，还是没有能力做到？

在任何场合，过分的谦虚都难以起到好的作用。在演讲结束时，你的过分谦虚会招来误会或轻蔑：哦，他原来在说一些连自己都没有把握的话，看来他的演讲不可信！这样的结果，是你所想要的吗？

6. 千篇一律

有些演讲者开始讲得不错，但在结尾时就落人俗套，总要说一些做作、令人生厌的客套话，使听众像吃了一粒发霉的花生米那样，破坏了满口的香味。

譬如说：“今天我讲到这里，本来是不准备发言的，但主持人一定要我说，我就恭敬不如从命。由于时间关系，本人水平有限，加上没有准备，对情况也不了解，所以就泛泛而谈，随便说说。以上几点不成熟的意见仅供参考，谈得不对的请批评，说得不好的请指正。”

这就是典型的陈旧、庸俗、平淡无味、废话连篇的套话，这是演讲结尾中千万要杜绝的。

第10章 让肢体语言为你加分

在演讲中，一个无心的眼神，一个不经意的微笑，一个细微的小动作，就可能决定你演讲的成败。那些被我们忽略的微小的肢体语言，事实上有很大的魔力。

电影人物与观众之间的沟通靠的是肢体语言。当时，能否恰到好处地使用各种手势，以及能否巧妙地用身体各部位发出信号与观众交流，是评判演员演技高低的标尺。

默片时代的电影，充分说明肢体语言在人们交流与沟通中的重要作用。在人类感知上，视觉的冲击力要比听觉强烈得多。国外研究肢体语言的专家认为：在一条信息所产生的全部影响力中，有多半来自于无声的肢体语言。

在演讲中，一个无心的眼神，一个不经意的微笑，一个细微的小动作，就可能决定你演讲的成败。那些被我们忽略的微小的肢体语言，事实上有很大的魔力。

1.手势语，不仅仅是引人注意

在演讲中，手势的作用并非只是引人注意。手势是一种肢体语言，可以对你的口头语言进行有力的补充与强化。

众所周知，美国总统大选，都是通过公开演讲来获得支持率，为自己赢得选票的。可以说，演讲的好坏决定了候选者是否有机会入主白宫。

相对于历届能说会道的总统，小布什的口才并不是强项。在竞选期间，媒体频频以“小布什又说错话了”等新闻见报。甚至有人专门收集小布什的口误做成语录，并讥笑他为“白字总统”、“美国历史上最笨的总统”，还说他智商只有91。

小布什口误频频，但这并不影响他总统连任，也不影响他到处演讲。他这个人有个特点，演讲时的手势特别多，讲话总是用手比来划去。他在讲话时甚至还有音乐指挥家的架式——没错，他的确曾客串过音乐指挥。即使经常说错话，说错字，小布什毫不受干扰，照样手舞足蹈，台下的听众似乎也被催眠一样支持他，拥护他。

有媒体评论说，小布什总是运用非常多的肢体语言，来弥补自己不善言辞的弱项，从而赢得了广大美国公民的信任与爱戴。

在演讲中，如何将手势这一利器运用到位，为自己的演讲增光添色呢？

1. 让你的手势与场合适应

俗话说：到什么山上唱什么歌。说话做事要以具体情况为依据，灵活变动。演讲的手势也需要“到什么山上唱什么歌”。有些手势适合在三两个人交谈时使用，有些手势适合在小范围的聚会上运用，如果你将这些手势原封不动照搬到大中型演讲台上，很可能起不到应有的效果。

举个例子，在鸡尾酒会上，人们做手势是用胳膊的肘部和手部。面对少数听众，这样做是可以的。但是在面对很多听众的时候，这样的手势就会显得小气与拘谨，而且远处的听众不一定能看得清楚。因此，当你在一个很宽敞的地方向一大群听众演讲，那么你就需要调整一下你的手势，将手势放开并且加大幅度。

2. 在运用手势过程中要自然、协调

不恰当的手势如同不恰当的话语一样让人反感，多余的手势如同废话让人不快。例如，在某演讲比赛上，一个选手讲完“我们一定会取得圆满成功”这最后一句话时，忽然想起老师说过最后加上一个动作效果会更好，他马上刻意地补上一个手势，结果就显得有点做作。演讲中，不要刻意去增加手势的数量。

3. 手势动作要与口语表达密切配合

归根到底，手势是为内容服务的。什么内容？当然是演讲的口语表达内容。因此，演讲者的手势必须随演讲的内容、自己的情感和现场气氛自然地流露出来。手势的部位、幅度、方向、力度，都应与演讲的有声语言、面部表情、身体姿态密切配合，协调一致。

4. 要不断地变化你的手势

如果你不停地做出同样的手势，你看起来会像是一个机器人。手势的可预见性将会降低听众的注意力。不要让你的手势陷入某一个固定的模式，要有变化，这样才能吸引听众的目光，从而感染他们，征服他们。

5. 不要去死记手势

考虑一下你将要用到的手势，考虑一下将它们用在什么地方才能配合你的演讲。但是不要太仔细地去策划它们，并且不要去记手势。

美国某文理学院院长阿拉提亚·哈里斯，总能指出哪些演讲者参加过手势学校——因为他们看起来很滑稽。她说："他们的手势要比他们说的话慢两秒钟，你可以看到他们在那里绞尽脑汁记住他们要做的手势，这就像是他们在嘟囔自己的稿子一样。"

2.演讲时常用的二十八个手势

在演讲中，手势的表达方式多种多样。不同的演讲者，其手势的动作也风格各异。通过仔细观察中外名人的演讲手势，编者归纳出以下二十八种常见的手势。

（1）食指式。食指伸出，其余四指弯曲并拢。这一手势在演讲中被大量采用，用来指称人物、事物、方向，或者表示观点，甚至表示肯定。胳膊向上伸直，食指向空中，则表示强调，也可以表示数字一、十、百、千、万。手指不要太直，因为面对听众，手指太直会显得针对性太强。弯曲或钩形表示九、九十、九百……齐肩划线表示直线，在空中划弧线表示弧形。

（2）拇指式。竖起大拇指，其余四指弯曲。我们都知道其意思是表示强大、肯定、赞美、第一。

（3）小指式。竖起小指，其余四指弯曲合拢。表示精细、微不足道或蔑视对方。这一手势在演讲中运用较少。

（4）食指、中指并用式。食指、中指伸直呈V字形分开，其余三指弯曲。这个手势如我们玩“锤子剪刀布”游戏中的“剪刀”，因此也称为“剪刀手”。这一手势在一些欧美国家及非洲国家表示胜利的含义，由英国首相邱吉尔在演讲中大量推广。另外，也表示数字二、二十、二百……

（5）中指、无名指、小指三指并用式。表示三、三十、三百……

（6）食指、中指、无名指、小指四指并用式。表示四、四十、四百……

（7）五指并用式。如果是五指平伸且分开，表示五、五十、五百……。指尖并拢并向上，掌心向外推出，表示“向前”、“希望”等含义，显示出坚定与力量，又叫手推式。

拇指、小指并用式。拇指与小指同时伸出，其余三指并拢弯曲。表示六、六十、六百……

（9）拇指、食指、中指并用式。三指相捏向前表示“这”、“这些”，用力一点表示强调，也表示数字七、七十、七百……

（10）拇指、食指并用式。拇指、食指指头并拢，留O形空间，其余三指伸直散开，表示“OK”的意思，同意、肯定、赞赏都可以用这个手势来表示。如果拇指、食指弯曲靠拢但未接触，则表示“微小”、“精细”之意。拇指、食指分开伸出，其余三指弯曲，则表示八、八十、八百……

（11）仰手式。掌心向上，拇指自然张开，其余弯曲，表示包容量很大。手部抬高表示赞美、欢欣、希望之意；平放是乞求、请施舍之意；手部放低表示无可奈何，很坦诚。

（12）俯手式。掌心向下，其余弯曲。表示审慎提醒，抑制听众情绪，进而达到控场的目的，同时表示反对、否定之意；有时表示安慰、许可之意；有时又用以指示方向。

（13）手切式。手剪式的一种变式。五指并拢，手掌挺直，像一把斧子用力劈下，表示果断、坚决、排除之意。

（14）手啄式。五指并拢呈簸箕形，指尖向前。表示“提醒注意”之意，有很强的针对性、指向性，并带有一定的挑衅性。

（15）手包式。五指相夹相触，指尖向上，就像一个收紧了开口的钱包，用于强调主题和重点，也表示探讨之意。

（16）手剪式。五指并拢，手掌挺直，掌心向下，左右两手同时运用，随着有声语言左右分开，表示强烈拒绝。

（17）手抓式。五指稍弯、分开、开口向上。这种手势主要用来吸引听众，控制现场的气氛。

（18）手压式。手臂自然伸直，掌心向下，手掌一下一下向下压去。当听众情绪激动时，可用这手势平息。

（19）抚身式。五指自然并拢，抚摸自己身体的某一部分。抚胸表示沉思、谦逊、反躬自问；抚头表示懊恼、回忆等。

（20）挥手式。手举过头挥动，表示兴奋、致意；双手同时挥动表示热情致意。

（21）拍肩式。用手指拍肩击膀，表示担负工作、责任和使命的意思。

（22）举拳式。单手或双手握掌，平举胸前，表示示威、报复；高举过肩或挥动或直锤或斜击，表示愤怒、呐喊等。这种手势有较大的排他性，演讲中不宜多用。

（23）拳击式。双手握拳在胸前作撞击动作，表示事物间的矛盾冲突。

（24）搓手式。双手摩擦，意味做好准备，期待取胜；速度慢表示猜疑；在冬天则表示取暖；拇指与食指或其他指尖摩擦，通常暗示索取金钱。

（25）颤手式。单手或双手颤动，必须与其他手势配合，才表示一个明确的含义。

（26）掌分式。双手自然撑掌，用力分开。掌心向上表示“开展”、“行动起来”等意，向下表示“排除”、“取缔”等；平行伸开还表示“面积”、“平面”之意。

（27）拍头式。用手掌拍头，表示猛醒、省悟、恍然大悟等意。

（28）捶胸式。用拳捶胸，辅之以跺脚、顿足，表示愤恨、哀戚、伤悲等。但在演讲中不太多用。

如果将整个演讲的手势视为一个乐章的话，那么以上列举的手势，只是这个乐章的“音符”。演讲人惟有仔细揣摩，多加练习，将这些手势的“音符”合理地融汇、连贯起来，才能演奏出一曲华美的手势“乐章”。

3.用眼神去征服你的听众

我们常说，“眼睛是心灵的窗户”，从一个人眼神里，就能看到他的内心世界。心理学研究表明，在人的各种感觉器官可获得的信息总量中，来自眼睛的占70%以上。人内心隐秘的冲突，情感的起伏，总是自觉不自觉地在不断变幻的眼神中流露出来。

东晋顾恺之说：“传神写照，尽在阿睹之中。”印度著名作家、诗人泰戈尔也说过：“一旦学会了眼睛的语言，表情的变化将是无穷无尽的。”美国作家爱默生对眼睛的评价是：“当眼睛说得这样，舌头说得那样时，有经验的人更相信前者……”

当演讲者掌握了目光和眼神的使用技巧，他的演讲就会富有穿透力，就能征服听众。里根总统是演员出身，拥有高超的表演技巧。每次演讲他都能巧妙地，有时像聚光灯一样，把目光聚集到全场的某一点上；有时则像探照灯，目光扫遍全场。因此有人评价他的目光语是一台“征服一切的戏”。

演讲中的目光语很重要。演讲的者的情感往往会通过眼神表达出来。比如：正视表示庄重，斜视表示轻蔑，仰视表示思索，俯视表示自信，侧视表示羞涩，逼视表示命令，瞪视表示敌意，不停地打量表示挑衅，行注目礼表示尊敬，白他一眼表示反感，双目大睁表示吃惊，眨个不停表示疑问，眯成一线表示高兴。

眼睛能配合着眉毛的变化，眉目传情意义更广泛。欢乐时眉开眼笑，眉飞色舞；忧愁时双眉紧锁，愁眉不展；愤怒时横眉怒目，虎视眈眈；顺从时低眉顺眼，目不转睛；戏谑时挤眉弄眼，暗送秋波；畅快时扬眉吐气，炯炯有神。

演讲中，很多演讲者不敢直视听众，低着头，像一个犯了错误的孩子，一副作检讨的模样。如果是这样，无论你有多好的讲稿，多富有表现力的声音，也不能很好地表达内心的情感，这样的演讲难以获得成功。

在演讲中，如果有观众没有专心听，叽叽喳喳，你的演讲可以暂时停下来，给予一点制止性的眼神，说话者自会领悟并知趣地停止；对于想发问但欲言又止者，应投以鼓励赞许的目光，给他们以勇气，让他们壮起胆子提问题，使气氛活跃起来。

更重要的是，演讲者注视听众，还可以察颜观色，观察听众的反应，捕捉细微的动向，在必要时插一些话，既能稳定场内情况，又能体现演讲者的机敏和应变能力，有时还能收到意想不到的效果。

演讲者在运用眼神时，应与演讲内容和思想感情的变化取得一致，如视线向上是思索、傲慢的表示；视线向下是忧伤、愧悔、羞怯的表示；环顾左右则是神情慌张、心绪不宁的表示。因此，眼神既不可始终无动于衷，一动不动地直视，也不能滴溜溜地乱转，否则听众无法从丰富多彩的目光变化中，领悟到演讲者所要表达的主旨。

眼睛注视用得多的有三种方式。

第一，凝视。在交际礼仪中，人与人之间互相凝视，可以分为集中目光看对方，如果是公事，目光限制于前额到双眼，使人感觉你很诚恳认真；如果是社交，就看双眼到嘴三角区；如果是关系非常亲密的朋友，就看双眼到胸。

第二，环视。在演讲当中，如果你想吸引所有人的注意力，可把眼睛向前然后有目的地扫一下，这样也能较全面地了解听众的心理反映，而且可根据你的环视，随时调整说话的节奏、内容、语调，把握说话的主动权。

第三，虚视。就是似视非视，讲话就需要这种虚与实的目光交替，“实”看某一部分人，“虚”看大家，要作到“目中无人，心中有人”。

另外，在运用眼神时，还应格外注意：一要形式多样，表意明确。演讲内容的波澜起伏，演讲情感的抑扬跌宕，无一不可通过眼神来表现。丰富多彩的内容和情感，也必定要以多样化的形式来反映，单调的眼神绝对不可能惟妙惟肖地传递丰富复杂的情感。运用眼神与听众交流，还必须使听众一看就明白，不致疑惑或发生误解。二要顾及全场。除特殊需要外，视线要始终向前面转，注视全场听众。这样既便于与听众交流思想感情，又可及时从听众那里得到反馈信息，及时调整自己的演讲。

要特别说明的是：视线的运用往往是各种方法综合考虑，交叉运用的，同时要按照内容的需要，控制感情的节拍，配合有声语言形式和手势、身姿等立体进行，协同体现。

面部肌肉的运动可能比手势语更加意味深长。如果要表现一个人的绝望，他可以坐在凌乱的杂物中间，脸上挂着绝望的表情，也可以挥舞着手臂，吼声从车背后传出来，两者的效果是一样的。

4.丰富你的面部表情

面部表情和手势、目光一样，都是最能传情达意的。它是人的内在思想感情在外貌上的表现。演讲时的脸部表情无论好坏，都会带给听众极其深刻的印象。紧张、疲劳、喜悦、焦虑等情绪，都能在脸上清晰地表露出来，以最直观的方式传达给观众。演讲的内容即使再精彩，如果表情缺乏自信，显得畏畏缩缩，演讲也很难有说服力。

罗曼·罗兰曾经说：“面部表情是多少世纪培养成功的语言，比嘴里讲的复杂到千百倍。”那些优秀的演讲，都能充分地利用面部表情，去表达出丰富的思想感情，吸引听众的注意力。

罗斯福总统演讲时，好像一架表现感情的机器，满脸都是动人的感情。这使他的演讲更有力，更勇敢，更活跃。当代著名演讲家、演讲理论家邵守义在演讲时，脸部表情丰富多彩，他丰富的表情后面蕴涵着丰富的思想。

有些演讲者不善于运用自己的面部表情，不管内容如何转折变化，不管感情如何波澜起伏，始终都是一种表情，仿佛面部表情同思想感情的变化毫无关系。这不仅会给听众一种呆滞、麻木的感觉，而且有损于思想感情的表达。

要丰富脸部表情，就要多了解脸部表情的含义。

（1）突出下颚表示攻击性行为。

（2）缩紧下巴表示畏惧和驯服。

（3）抚弄下颚表示掩饰不安或胸有成竹。

（4）伤心时嘴角下撇，欢快时嘴角后拉，委屈时撅起嘴巴，惊讶时张口结舌，仇恨时咬牙切齿，忍耐时咬住下唇。

（5）下颚上抬，把鼻子挺出，是傲慢、自大、倔强的表现。

（6）用手摸鼻子，是怀疑对方。

（7）用手摸耳垂表示自我陶醉。

知道了面部表情的含义，那么具体到演讲活动中，我们该如何运用呢？建议如下。

（1）如何表示愉快：嘴角后拉，面颊上提，眉毛平展，眼睛平眯，瞳孔放大。也就是“眉毛胡子笑成一堆”。

（2）如何表示不愉快：嘴角下垂，面颊下拉，眉毛紧锁，面孔拉长。也就是“拉得像个马脸”。

（3）如何表示有兴趣、快乐、高兴、幸福、兴奋：眉毛上抛，嘴角向上，鼻孔开合程序正常，口张开，瞳孔放大。有时伴有笑声、流泪或拍打身体等动作。

（4）如何表示蔑视、嘲笑等表情：视角斜下，眉毛平或撮，抬面颊。

（5）如何表示痛苦、哭泣等表情：皱眉、眯眼、皱鼻、张开嘴、嘴角下拉，配合有声传递。演讲中此种表情不能过度。

（6）如何表示发怒、生气的表情：眼睁大，眉毛倒竖，嘴角拉开，紧咬牙关。此种表情最富攻击性，演讲中切忌过头。

（7）如何表示惊愕、恐惧的表情：眉毛高扬，眼睛与口张开，倒吐凉气。

5.注意演讲的姿态

有一位普普通通的教师，不幸患上了强直性脊椎炎，脖子不能转，腰不能弯，腿不能曲，上课时整个身体全靠双拐支撑，但他不悲观，不忧伤，凭着对人民教育事业的赤诚之心，依然顽强地站在讲台上。学生们看他忍着巨痛，冒着汗在那里讲课，都感动得落泪。他深情地说：

我的知识是人民给的，我有责任、有义务把知识献给人民，所以我选择站立。站在黑板前，眼前永远有我填写不完的未知；站在讲台，前方永远有我们攀爬不尽的台阶；站在花丛中，今生有我常开不败的美丽……

老师的字字句句，都透露着他对这份事业的热爱、执着。的确，选择站立，才具备站立的灵魂；具有站立灵魂的老师，才能培养灵魂站立的接班人。站立是一种姿势，是一种使命，更是一种师表风范，表达了对学生的尊重！

在演讲中，演讲者最佳的姿势也应当为站姿。端正的站姿不仅能展现出演讲者的精神风貌，同时也传达了对听众的尊敬。洒脱自然、风度翩翩的站姿，让人赏心悦目，而漫不经心、粗俗欠雅的站姿，则会让人厌倦生烦。

演讲时要展现自我良好形象，表达自我主体意志，一定要运用好站姿这门独特的身体艺术。选择站姿去演讲，规范自己的姿态，应做到挺胸，收腹，精神饱满，气下沉；两肩放松，重心主要支撑于脚掌脚弓上；脊椎、后背挺直，胸略向前上方挺起；腿应绷直，稳定重心位置。

演讲站姿有以下几种。

（1）自然式。两脚自然分开，平行站立，与肩同宽，间距约20厘米为宜，太宽会影响呼吸和声音表达，太窄则显得拘束。

（2）前进式。这种姿势是演讲者用得最多，使用最灵活的一种站姿。右脚在前，左脚在后，前脚脚尖指向正前方，或稍向外侧斜，两脚延长线成45度左右的夹角，脚跟距离在15厘米左右。这种姿势重心不固定，可以随着上身前倾与后移，分别定在前脚跟与后脚上，不会因时间长身体无变化而显得死板。另外，前进式能使手势动作灵活多变。由于上身可前可后，可左可右，还可转动，这样能保证做出不同的手势，表达出不同的感情。

（3）稍息式。一脚自然站立，另一只脚向前迈出半步，两脚跟之间相距约10厘米左右，两脚之间形成75度夹角。运用这种姿势，形象比较单一，重心总是落在后脚上。一般适应长时间站着演讲中的短期更换姿势，使身体在短时间里松弛，得到休息。一般不易长时间单独使用，因为它给人一种不严肃的感觉。

（4）“丁”字式。一只脚在前，一只脚在后，两脚之间呈垂直的“丁”字形，两腿前后交叉，距离不宜超过一只脚板的长度，全身重心放在前脚之上，后脚跟略微提起。

虽然演讲一般情况下较为严肃，但并不拘泥于一些僵直的站姿，有时根据客观需要或演讲内容，还可进行小幅度的移步，以求达到动静结合的生动效果。

当演讲者要表达强烈的感情，欲与听众产生共鸣时，往往采取“丁”字站法；当演讲者在叙事、说理或者传达某些意愿时，一般采取“稍息式”或“自然式”站法。当演讲者欲表达坚定的信念，殷切的期望，胜利的喜悦，或者美好的憧憬等积极因素时，可以根据实际情况向前移步；当演讲者欲表达愤怒的气息，痛苦的生活，悲哀的神情，或者颓废的思想等消极因素时，可根据实际情况向后退步；当演讲者欲吸引某一方位听众的眼球时，可根据实际情况向不同方位移动。

当然也有一些例外，比如一些篇幅较长的政治演讲、学术演讲、法庭演讲、辩论演讲、生意演讲等，也可采用坐式。采用坐式要文雅、大方，落座时要轻盈、和缓，切忌急急忙忙，人未站稳就重重地将屁股落在椅上。落座后要保持上身正直，头平稳，两腿微曲并拢，两脚并起或稍前后分开。力戒歪斜肩膀，半躺半坐，两手交叉在胸前等不良姿势，不要翘二郎腿，勾着脚。

第11章 常见演讲即学即用

通过前面的介绍，我们对于演讲有了一个比较全面与系统的认识。本章将通过范例，来介绍一些常见的演讲。“聆听”这些优秀的演讲，研究他们演讲的成功之处，既是一种享受，也是一种学习。

通过前面的学习，我们对于演讲有了一个比较全面的认识与系统的认识。这里将通过范例，来学习一些常见的演讲。这些演讲范例的演讲人，既有国外的政治家、军事家，又有国内的思想家、企业家。他们的演讲，有的是鼓舞人心，有的是怀念先烈，有的是告别同志，有的是获奖答谢；有的是有备而来，有的是即兴登台……无论属于何种演讲，皆讲得有声有色，或以情感真挚取胜，或以风趣诙谐见长，深入浅出，直抵人心。

“聆听”这些优秀的演讲，研究他们演讲的成功之处，既是一种享受，也是一种学习。学习演讲，不能仅满足于学习理论，一定要多听、多看演讲名篇。这就好像学习写作、学习书法一样，光学习各种理论是不够的，一定要多读文学名著或欣赏古今名帖名作，方能融会贯通，自成一家。

1.纪念演讲

纪念演讲，顾名思义，是在一些对人类历史和社会发展中有巨大影响的著名人物、重大事件、优秀作品等的纪念仪式上，由有影响力的人士或相关人员所作的讲话，它的作用是缅怀历史，激励后人，充分展示模范、榜样的风采，发挥其鼓舞作用与教育作用。如纪念五四运动的演讲等。

一般的纪念演讲，并不是单纯为纪念而纪念，而是常常由此及彼，借题发挥，通过纪念来达到某种目的。

1947 年 10 月 10 日，冯玉祥出席了在美国哥伦比亚大学教职员俱乐部举行的中国学生欢庆会，这天正好是中华民国的国庆纪念日，马玉祥就此发表了著名的《国庆演讲》。在演讲中，他首先缅怀孙中山领导革命创立民国的丰功伟绩，然后话题一转，矛头直指时弊和当时政府的腐败劣绩，热情激励大家争取民主。这次演讲感情真挚，慷慨激昂，顺应民心，产生了深远的影响。

【范例】

在林肯诞辰200周年纪念活动上的讲话

巴拉克·奥巴马

我荣幸地站在这里——这是林肯为国效劳的地方，是他宣誓就职的地方，也是他所拯救的国家向他作最后告别的地方。在我们纪念我国第16任总统诞辰200周年之际，我不能说我对他的生平和业绩的了解像今天多位演讲者那样深入，但我能说我对这位伟人怀有特殊的感激之情。我个人的历程，以及整个美国的历程，在很多方面要归功于他。

我们在国会山举行这次纪念活动恰如其分。这座建筑与这位永垂不朽的总统生活的时代有千丝万缕的联系。它由能工巧匠以及移民和奴隶建成——正是在这座圆型大厅内，北方军士兵得到临时医院的救治；正是在下面的地下室里烘烤的面包，让他们获得体力；正是今天的参议院和众议院议事大厅，成为他们夜晚宿营和白天偶尔休息之地。

这些士兵当年看到的这座建筑，与我们今天看到的截然不同。因为这座建筑一直到南北战争结束时都还没有完工。建造这座圆顶大厦的劳工，每天上工时不知他们明日是否还再来；不知他们所用的金属梁架，是否会被征为军用物资，熔制子弹。但时间一天天过去，没有人命令他们停工，他们一直在上工，一直在建造。

当林肯总统后来得到汇报，得知大量钢铁被用在这项工程上时，他给与了这样一个简洁明了的答复：此乃物尽其用。他认为，应当让美国人民知道，即使在战争时期，建设也要继续；即使在国家自身疑虑重重时，它的前途也正在受到保障；当很久以后的一天枪声平息时，国会大厦将巍然屹立，其顶端矗立的自由雕像，成为仍在愈合中的国家团结统一的象征。

今天令我深省的，正是这种团结意识，这种即使在我国四分五裂时，仍能展望一个共同前景的能力。尽管这位伟人的这一特殊品质——他的领袖才能的独特之处——展现在数不胜数的场合中，但我今天希望与你们共同回顾其中一个。

在南北战争结束前的几个星期，林肯总统在格兰特将军的“女王河”号(River Queen)旗舰上被问到，在李将军（General Lee）投降后，将如何处置他的南方军。当时胜利近在咫尺，林肯完全可以报仇雪恨。他可以迫使南方军为反叛付出沉重代价。但林肯却下令，尽管双方都给对方造成了惨重伤亡和巨大痛苦，南方军士兵一律免受惩处。他们将被给予——用他的话说——“完全自由”的待遇。林肯只希望南方军士兵返回家乡，恢复农耕，重操旧业。他还说，他甚至愿意“让他们保留自己的马以便拉犁……他们自己的枪以便打鸟”。

林肯知道，这是让导致国家分裂的伤痕得以弥合的惟一途径，也是让国家迫切需要的愈合得以开始的惟一途径。因为林肯从未忘记，即使在南北战争期间也从未忘记，虽然我们有种种差异——北方与南方，黑人与白人——但在内心深处，我们同属一个国家，同是一国子民，我们作为美国人的共同纽带无法割断。

因此，当我们今天聚首在这里时——虽然我们的隔阂远不如林肯时代深重，但却是又一次在经历重大时代问题的辩论，而且是激烈辩论——让我们切记，我们这样做是因为我们是为同一面旗帜效劳的仆人，是同一国子民的代表，是与同一未来息息相关的人。这才是我们对杰出的亚伯拉罕·林肯最好的纪念——是我们能够为他筑造的最永恒丰碑。

谢谢大家。

【简析】

2009年2月12日，美国总统奥巴马出席了林肯诞辰200周年纪念活动并发表讲话，以上是讲话全文。在这篇演讲中，奥巴马首先肯定了林肯做出的贡献，深情回顾了林肯坎坷而又光辉的一生。接着，奥巴马谈到了林肯非凡的宽容与团结意识。为了国家能够运作长久这一共同目标，消弭彼此的隔阂，是对林肯最好的纪念。

在金融危机的大背景下，在反恐泥潭的挣扎中，美国国内弥漫着各种论点与论调，奥巴马的讲话，正是对这些喧嚣的理性建言。

奥巴马的演讲辞结构严谨，自然和谐；句式错落有致，富有变化；措辞精练，句句朴实优雅。通篇洋溢着炽烈而真挚的感情，极富感染力与鼓动性。

2.节日演讲

所谓节日演讲，是指在各种节日的重大活动中发表的公开演讲。要想做好节日演讲，需要注意以下几点。

（1）主题的独特性。不同的节日，主题是不一样的，有纪念性节日，如劳动节、端午节。也有庆祝性节日，如国庆节、教师节。有倡导性节日，如植树节、助残日。还有风俗性节日，如元宵节、清明节等。节日演讲必须根据节日的独特性质确立主题，只有这样，才能突出演讲的思想文化意义。例如，在护士节发表演讲，可以通过缅怀南丁格尔的业绩，激发护士的职业责任心和自豪感，以体现独特的纪念意义。

（2）内容的现实感。无论在什么节日里发表演讲，都必须与演讲者的现实生活紧密结合起来，这是演讲作为一种现实社会实践活动的性质决定的。节日演讲稿一定要突出内容的现实感，以产生强烈的社会效应。例如，在教师节发表演讲，就应当着重讲述老师们现实工作的感人事迹，颂扬人民教师无私奉献的真挚情怀和崇高精神。

（3）语言的个性化。节日演讲有特定的背景意义和主题要求。在同一场合下发表节日演讲，容易出现千篇一律的弊病。要想讲出特色，给听众耳目一新之感，就必须注重语言的个性化。这就要求演讲者善于运用富有个性色彩的语言叙事说理，表情达意。例如，一个富有幽默感的人在青年节发表演讲，就可以运用充满情趣的语言，表现自己独特的气质和志向。

【范例】

母亲节的讲话

佚名

春天已经悄悄地来到我们身边，春风轻轻地吹红了花，春雨也静静地润绿了叶，朝气蓬勃的我们，正像那红花绿叶一样鲜活，一样有生命力。是谁做了那春风春雨，默默地滋润着我们呢？

当我们早上匆匆忙忙地从床上爬起时，是谁已经为我们做好了可口的早餐？当我们背上书包急急地走出家门时，是谁的身影徘徊在窗前张望？当我们带着一身疲惫回到家时，是谁早已为我们烧好了洗澡水？当我们为了学习而挑灯苦读到深夜时，又是谁悄悄地在桌角放上一杯牛奶？什么样的人才能做得这么多，这么多，却不求一点回报呢？是妈妈！

从小到大，妈妈一直是我们身边最亲最爱的人，嘘寒问暖，知冷知热。在我们还不能清楚地表达意思时，妈妈不厌其烦地教我们呀呀学语；当我们还没有能力保护自己的时候，妈妈义无反顾地用那博大无私的爱为我们遮风挡雨；当我们自认为已经长大，要摆脱她的庇护时，妈妈不无担心地默默注视着我们；当我们开心的时候，妈妈用明亮的眸子微笑地看着我们；当我们难过的时候，妈妈明知道自己帮不了什么忙，却还是陪着我们一起忧伤……妈妈为我们做的已经太多太多，可是她却从来没有要求任何回报，这是一种多么广博、多么无私的爱啊！

从古至今，多少文人墨客竭力渲染母爱的伟大，它赐予了我们多少不能忘却的东西。我们从那里得到的远远比付出的多，学会了宽容，学会了理解，学会了广博，学会了为他人着想，可是我们又曾为妈妈做过什么呢？难道我们就这样心安理得地接受着妈妈无偿的爱吗？我们不应该做些什么让妈妈开心，让妈妈骄傲吗？

美丽的五月已经悄悄地来到身边，空气里到处飘荡着芬芳的气息，在这暖意融融的季节里，五月永恒的主题便是母亲节。在这个平凡又具有特殊意义的日子里，我们该为妈妈做些什么呢？

妈妈不要华丽昂贵的首饰，不要价值不菲的礼物，送给妈妈最好的礼物，就是我们自己。也许就在昨天，一枝初叶蓓蕾的康乃馨，一块干净整洁的桌布，一张纯洁无邪的笑靥，便让妈妈倍感欣慰。因为——孩子长大了，懂得如何疼妈妈了。这就是在告诉妈妈：妈妈，我爱你！

今天是五月的第二个星期天，是母亲节。然而，对于每一个爱着妈妈的孩子来说，每一天都是母亲节。让我们用最温柔的心情，拥抱妈妈，告诉她："妈妈，我爱您！"

【简析】

上面这篇母亲节演讲，用饱含深情的语言，勾起了人们心中最柔软的回忆。演讲一开篇，从春风春雨的应景，使得伟大母爱这个主题呼之欲出。紧接着，演讲者又用一系列排比，如浪潮般此起彼伏，堆积刻画了一个平凡却伟大的"妈妈"形象：尽管妈妈为我们付出了那么多，但从不求回报，只是默默奉献。

最后，演讲者没有落入一味歌颂母爱伟大的窠臼，而是跳脱出来，号召天下爱母亲的人，对母亲的爱与拥抱，不要局限在母亲节这一天，要做到"每一天都是母亲节"。这样的结束语，可谓在意料之外，又在情理之中，清新别致，回味无穷。

3.聚会演讲

聚会演讲在生活中运用很普遍，形式也多种多样，比较大的有政治聚会演讲，经济聚会演讲，商业聚会演讲，宗教聚会演讲等，比较小的有同学聚会演讲，老乡聚会演讲，朋友聚会演讲，厂矿或机关团体聚会演讲，年终聚会演讲等。

聚会演讲需注意以下几个原则。

（1）形式要简短，避免长篇大论及空洞的说教。

（2）演讲内容必须与场面气氛相符。有些聚会比较正式，就必须用正式的致词方式，有些比较轻松活泼的，就必须带有喜庆的语气。

（3）聚会演讲需遵循一定的礼仪。首先，要听从主人或主持人的安排，大都以即兴为主。聚会场面，通常会有主持人主持，所以发言的次序必须根据主持人的安排。其次，发言中要遵守现场礼仪，根据情况不同，有些需起立站在原位，有些需站在主席台前。发言时应注意礼节。

（4）避免冲突和对抗性发言。聚会是大家相聚的场所，气氛融洽，演讲时应避免冲突和对抗性的发言，如有意见和建议，可以在会后再沟通。

【范例】

高中同学聚会上的讲话

佚名

亲爱的老师和同学们，你们好！

在这荷花盛开，烈日炎炎的季节里，我们怀着一颗赤子之心，从不同的地方，不同的岗位聚集到一起，隆重庆祝我们高中毕业三十周年。

在此，我首先向培养、教育我们成长的老师致以亲切的问候和良好的祝愿！向精心组织本次同学们聚会的刘XX、张XX同学表示衷心的感谢。

光阴似箭，一晃三十年过去。三十年前，我们用一双天真的眼睛仰望着老师，是您传授给了我们知识和学问；是您传播给了我们对生活充满热爱的信念，让我们终生受益，没齿不忘；三十年来，我们用一双迷离的眼睛追索着人生的理想，生活的真谛。

我们不是时代的幸运儿，我们只有加倍地努力，才不至于过早地被这个时代淘汰。

“天行健，君子以自强不息。”当高校的大门向我们紧闭的时候，我们坚持走自学成才的道路。当改革开放的浪潮涌出无数富翁和显贵的时候，我们坚守着“穷则独善其身，达则兼善天下”的理念。

我们感觉到了跟不上时代步伐的信息，所以我们要精心培养我们的儿女，让他们真正成为社会的栋梁之材。

我们感觉到了培养儿女的艰辛，所以我们要加倍地孝敬我们的父母和我们爱人的父母，让他们安享晚年；——只有失去父母后，才会感觉到在他们身上用的心、用的时间太少了——这是我个人的体会。

我们感觉到了人生黄昏将要来临，所以要像我们的两位老师一样：积极进取，争取事业有成——龚老师是医院院长，发明的电动病床获得国家专利，吴老师是高级讲师、本地区最有名的高中学校校长。

同学相见，分外亲切。我们平时虽然联系不多，但同学之间的真挚友情和美好回忆，常常在我们梦中萦绕。今日相聚，实属不易！借此机会，我们约定两个愿望：

一愿我们彼此珍惜这份同窗友情，互通信息，加强合作，特别是各自家庭有较大红白喜事的时候，我们要相互通气。

二是同各位学长约定，再过三十年，我们以同样的心情，同样的规模，搀扶着我们的老师，再次聚集到一起，再叙我们的情谊。

最后，祝愿老师和各位学长身体健康，家庭和睦，万事如意！

【简析】

同学聚会，抚今追昔，自是一番感慨在心头。昔日单纯天真的快乐，昔日坚定深厚的情意，昔日幽深漫长的时光。沧海桑田，岁月改变了什么？改变了容颜，改变不了你我之间的友谊。老同学，见见面，握握手，纵有千言万语，从容叙说。

同学聚会，重在一个“情”字，叙别情，话离绪，把多年的别情化作情深意重的语言，尽情宣泄。让旧日的时光重新回到我们的身边，让我们重温一下美好的校园生活。

聚会发言的要点，是要结合现场氛围、背景，寻找动人的素材，制造一个温馨感人的气氛。要结合现实，不要空洞地抒情。抒写奋斗、拼搏和创业的历史，激励人更加努力奋斗。通过同学中佼佼者的发言，激发更多人去努力，去奋斗，把聚会看成是一个新的起点，重新塑造新的人生坐标，这样主题，就会具有积极向上的意义。我们选取的这篇演讲，从这几个方面来看，都做得比较到位。

4.动员演讲

动员演讲是鼓舞士气的重要工具。例如在战争中对战士进行战前动员，在危机中对员工打气鼓劲，在大考关头对学生的考前讲话……

士可鼓，不可泄。一场激情澎湃的演讲，可以令士气大振。鼓舞士气的演讲，需要演讲者投入真实而又饱满的感情，拥有坚如磐石的信念，还需要发出强有力的呐喊与号召。

一场优秀的鼓舞士气的演讲，甚至能起到转败为胜的神奇作用。这样的例子很多。1944 年 6 月，蒙哥马利将军在诺曼底登陆中，对担负突击任务的士兵发表了战前演说，极大地激发了士兵的勇气与斗志，士兵高呼“元帅的贝雷帽和演讲给了我们扑向死神的力量”，极大地扭转了战局和战场形势。

【范例】

要么胜利，要么死亡

汉尼拔·巴卡

士兵们：

你们在考虑自己的命运时，如果能记住前不久看到被我们征服的人溃败时的心情，那就好了。因为那不仅是一种壮观的场面，还可以说是你们处境的某种写照。我不知道命运是否已给你们戴上更沉重的锁链，使你们处于更紧迫的形势。你们的左面和右面都被大海封锁着，连一艘可用于逃遁的船只也没有。环绕着你们的是波河，它比罗纳河更宽，水流更急；后面包围着你们的则有阿尔卑斯山，那是你们在未经战斗消耗，精力充沛时，历经艰辛才能翻越的。

士兵们，你们已在这里同敌人初次交锋，你们必须获胜，否则便是死亡。命运使你们不得不投身战斗，它现在又站在你们面前。如果你们获胜，你们就能得到即使从永生的众神那儿也不敢指望得到的最大报酬。我们只要依靠勇敢去收复敌人从我们先辈手里强夺的西西里和萨迪尼亚，我们就会得到足够的补偿——罗马人通过多次胜利的战斗所取得和积聚起来的财富，连同这些财富的主人，都将属于你们。在众神的庇护下，赶快拿起武器，去赢得这笔丰厚的报酬吧。!

你们在荒凉的卢西塔尼亚和塞尔蒂韦里亚群山中追逐敌人为时已久，历经如此艰辛危难却一无所获。你们跋山涉水，转战数国，长途劳顿，现在是打响夺取丰富收获的战役，为你们的穷苦取得巨大报酬的时候了。在这里，命运允许你们结束辛苦的努力；在这里，她将赐予你们与贡献相称的报酬。你们不要因为这场战争表面上的巨大规模而担心难于取胜。受藐视的一方往往坚持浴血抗争，而一些以实力著名的国家和国王却常常被人并不费力地征服。

因为，撇开罗马徒有其表的显赫名声，它还有什么可与你们相比的？

默默地回顾你们20年来以勇敢和成功而著称的战绩吧，你们从赫拉克勒斯支柱，从大洋和世界最遥远的角落来到这里，一路上征服了高卢和西班牙许多凶悍无比的民族。如今，你们将同一支缺乏经验的军队作战，它就在今年夏天曾被高卢人击败、征服和包围，至今它的统帅还不熟悉他的军队，而军队也不知道它的统帅是谁。要把我同他作一比较吗？我的父亲是最杰出的指挥官，我在他的营帐中出生、长大，我荡平了西班牙和高卢，我不仅征服了阿尔卑斯山诸国，还征服了阿尔卑斯山本身。而对方就任仅6个月的统帅是他的军队里的逃兵。如果把迦太基人和罗马人的军旗拿掉，我敢肯定他不知道自己是哪一支军队的指挥官。

你们中每一个人都看到了我的累累战功，同样，我作为你们英雄气概的目击者，能列举每一个人勇敢作战的具体时间和地点。士兵们，我认为这一点很重要。我在成为你们的指挥官前是你们大家的学生，我将率领曾千百次受我表彰和犒赏的士兵，阵容威武地阔步迎击那支官兵互不熟悉的军队。

不论我把眼光转向何处，我看到的都是斗志旺盛、精神饱满的士兵，一支由各个最英勇的民族组成的、久经战阵的步兵和骑兵。你们，是我们最可靠、最勇敢的盟军；你们，迦太基人，即将为你们的国家，并出于最正义的忿恨而出征。我们是战争中的攻击者，高举仇恨的旗帜进入意大利，将以远远超出敌方的胆量和勇气发起进攻，因为攻击者的信心和骁勇总是大于防卫者。此外，我们所受的痛苦、损失和侮辱燃烧着我们的心：它们首先激励我——你们的领袖，其次激励曾围攻过萨贡塔姆的你们去惩罚敌人。如果我们畏缩怯战，它们将使我们受到最严厉的折磨。

那个最为残暴、狂妄的民族认为，一切都应归它所有，听它摆布；应当由它决定我们该同谁交战，同谁讲和；它划定界限，以我们不得逾越的山脉河流把我们封锁起来，而它却不遵守自己规定的界限。它还说，不得越过伊比利亚半岛，不得干预萨贡廷人；萨贡塔姆在伊比利亚半岛，你们不得朝任何方向跨出一步！它掠走我们最古老的省份——西西里和萨迪尼亚，这是件小事吗？它还要掠走西班牙，让我从那里撤走，以便它横渡大海进入阿非利加吗？

我说他们要横渡大海，是不是？他们已经派出本年度的两位执政官，一个派往阿非利加，一个派往西班牙。除了我们用武器保住的地方外，他们什么地方都没有给我们留下。有后路的人可能成为懦夫，他们可以通过安全的道路逃跑，回到自己的国土家园请求收容，但你们必须勇敢无畏。你们在胜利和覆灭之间绝无回旋余地，或者胜利，或者死亡。如果命运未卜，与其死于逃亡，毋宁死于沙场。如果这就是你们大家确定不变的决心，我再说一遍，你们已经胜利了——这是永生的众神在人们夺取胜利时所赐予的最有力的鼓励。

【简析】

汉尼拔·巴卡（公元前247—前183），北非古国迦太基的统帅、政治家。出身名将之门，少年时代多次随父出征，骁勇善战，机智勇敢，战斗中善以出其不意取胜。《要么胜利，要么死亡》是汉尼拔率军翻越阿尔卑斯山后，准备向意大利出击时的战前鼓动演讲。这篇演讲以鲜明的对比，显示睥睨敌人的无畏气概和必胜信心，是战前鼓动演讲中颇为成功的典范之作。

从这篇演讲可以看出：汉尼拔是一个擅长战前鼓动的统帅。演讲一开始，汉尼拔就明确指出当时的形势是背水一战：“你们必须获胜，否则便是死亡。命运使你们不得不投身于战斗。”远离家乡征战罗马，战争的胜算非常微小。为了确保胜利，汉尼拔采取背水一战的战术，将士兵们置于只能胜利、否则死亡的境地，激发士兵最大的勇敢和决心。其次，汉尼拔对比两军的情况，充分指出本军在统帅和士气两方面的优势和敌军的明显劣势，以此鼓励士兵，树立信心。

汉尼拔显然是一位深谙士兵心理的战术家，善于动员。他以极富煽动性的语言，激发对敌人的仇恨；以巨大的利益，鼓起士兵的热情和勇气。演讲完毕后，将士们齐声高呼：“要么胜利，要么死亡！”

5.竞选演讲

竞选演讲是演讲中常见的一种，它具有口语性、群众性、时限性、临场性、交流性等演讲的一般特点。由于它是针对某一竞争目标而进行的，除了演讲的共性外，它还具有以下特性。

（1）目标的明确性。目标的明确性是竞选演讲区别于其他演讲的主要特征。这一方面表现在演讲者一上台就要鲜明地亮出自己所要竞选的目标（厂长、校长、秘书、经理），另一方面，其选用的一切材料，运用的一切手法，也都是为了实现一个目标——使自己竞选成功（使听众能投自己一票）。

其他类型的演讲则不同，不管是命题演讲还是即兴演讲，虽然都有一定的目的，但其目标却有一定的模糊性、概括性和不具体性。打个比方说，如果演讲如大海行船，那么一般演讲是要告诉人们如何战胜困难，驶向遥远的彼岸，而竞选演讲则是竞争看谁有条件来当船长。

（2）内容的竞争性。在其他的演讲中，尽管可以海阔天空地谈古论今，说长道短，但一般都不是来“显示”自己的长处。即使在事迹演讲中，也忌讳毫不客气地为自己“评功摆好”。但竞选演讲则不同，它的全过程都是听众在候选人之间进行比较、“筛选”的过程，竞聘者如果“谦虚”、“不好意思”说自己的长处，表示自己也是“一般般”，就无法战胜对手，因此演讲者必须“八仙过海，各显其能”。

（3）主题的集中性。所谓主题的集中，是指表达的意思单一，不枝不蔓，重点突出。这就是说，在表达意思时，必须突出一个重点，围绕一个中心，不要搞多重点，多中心，不能企图在一篇演讲中解决和说明很多问题。

（4）语言的“准确”性。准确，一般是指要恰如其分地表情达意。竞选演讲中的准确性，除此以外还有另外两层意思：一是所谈事实和所用材料、数字，都要“求真求实”，准确无误。比如，介绍经历时，是大专毕业，就不能说是大学毕业；在谈业绩时，三次获奖，就不能虚说“曾多次获奖”（最好把在什么时间什么范围获得什么奖项说得清楚明白）；如涉及到数字，也要尽量具体。二是要注意分寸。竞选演讲的角度基本上是以“我”为核心，如掌握不好分寸，夸大其词，就会让人产生逆反心理，使自己的演讲失败。

【范例】

竞选营销经理演讲

佚名

尊敬的各位公司领导与同事们，你们好！

我叫吴军，感谢公司给予我这次竞选营销经理的机会。我来到本公司已经有半年了，虽然现在我还在学习期间，但拿破仑曾经说过：不想当将军的士兵不是好士兵，所以我特此申请竞选营销经理！

我认为做为一个营销经理，他与普通的营销员是不一样的，他不但自己要有好的业绩，很强的责任感，还要具备很好的素质，因为他不但要对公司负责，对领导负责，更为重要的是，还要为自己所带领的团队负责！

大家都知道没有完美的个人，但有完美的团队。在营销队伍当中，自己业绩好不能代表整个团队，只有整个团队的业绩好，才能体现出营销经理的价值！

作为一个营销经理，必须要具有很强的市场洞察能力，能够清晰明确地分析市场，做好营销的策略与方针；制定好团队目标，各营销员目标，合理分配好任务计划，做好年、月、周、日的工作计划。除此之外，必须还要有很强的协调和沟通能力，能充分的发挥每位营销员的特长，取长补短，互相学习，互相帮助，互相合作！只有这样有目标地带领团队，才能做好营销经理。

我认为我竞选营销经理的优势有：一、我有四年的管理工作经验；二、我有很强的责任感；三、积极向上的良好心态；四、能够清晰明确地分析并部署市场。我的不足之处：第一是对目前公司所销售钢材的市场状况不够了解，第二是营销经验不足，第三是财务知识掌握不全面。

面对我的不足之处，在以后的工作和日常生活中，我会不断的改善，积极、努力地学习，以实际业绩来证明自己！

无论这次竞选我是否能成功，我都认为，做为一个营销员，必须要学会不断地挑战自我。只有不断地挑战自己，才能在挑战的过程当中得到锻炼，得到自我提升的机会！

最后再次真诚感谢公司的各位领导给予我这次难得的机会！

【简析】

这篇演讲条理清楚，收放自如。在自信地展示自己的工作实力与心灵世界的同时，还提出了切实可行的奋斗目标。这些让听众听了不会觉得浮夸、空洞。这是竞选者一次成功的自我亮相，无论胜与败，这篇演讲都为树立演讲者本人的形象起到了正面的作用。

6.就职演讲

就职演讲是指一个人就任某职务时所发表的演讲。演讲开始时，演讲者要简要介绍自己的情况及工作经历，并结合时代特点，从多方面叙述自己的思想观念及优势。在演讲中，演讲者一般要表明自己政见和立场，给他人留下良好的印象，以求打动人心，鼓舞他人。

就职演讲是群众对新任领导的第一印象，所以演讲时特别要注意以下几个问题：

（1）对症。就职演讲一般是就职者在面对现实工作中最需要解决的问题时发表见解，其矛头所指必须是该单位的热点、焦点问题，这样才会引起听众的共鸣。

（2）真挚。演讲时要注入演讲者强烈而真挚的感情。这种强烈的感情以适当方式表现出来，必将产生强大的感染力和号召力。

（3）简洁。演讲必须具有简洁性，要做到主题集中、突出、层次少而有条理，语言准确洗练，使听众一听就能够明白接受。

（4）真实。就职演讲内容要真实，要讲真话，讲实话，不能哗众取宠。

【范例】

林肯连任总统就职演说

林肯

同胞们：

在第二次宣誓就任总统的时候，我没有必要讲得像第一次那样长。那时比较详细地说明要奉行的方针似乎是恰当和必要的。现在4年过去了，在这4年中，对于这场始终吸引国民注意并占用国民精力的伟大斗争的每一个关键问题和每一个阶段，都已经不断地公开发布了文告，没有什么新的东西好说了。关于我的武装部队的进展——其他一切主要都取决于武装部队——公众了解得和我一样清楚，它的情况是相当令人满意和鼓舞人心的。尽管对未来抱着很大希望，对它却不敢大胆预言。

4年前我就任总统时，人人忧心忡忡，全部思想都集中在一场迫在眉睫的内战上。人人都害怕这场内战，人人都设法避免这场内战。当时我在这里做就职演说时，竭力想不经过战争来拯救联邦，叛乱分子却在城里力图不经过战争来毁灭联邦——力图通过谈判使联邦解体，人心涣散。双方都想避免战争。但其中的一方宁愿开战也不愿让国家生存下去，而另一方则宁愿应战也不愿让国家灭亡，于是战争就爆发了。

我们全国人口的1/8是黑人奴隶，但他们并不是遍布整个联邦，而是集中于联邦的南部。这些奴隶形成了一种特殊的和重大的利益。大家都知道，这种利益不知怎么地成了这次战争的根源。反叛者的目的是要加强、永保和扩大这一利益，为此他们不惜以战争割裂联邦；而政府则只要求有权制止其地域的扩大。

双方都没有预料到战争竟会达到目前这样大的规模，持续这么长的时间。双方也都没有期望冲突的根源会随着冲突的停止而消除，或甚至在冲突本身停止之前就会消除。双方都寻求比较容易的胜利，胜利的效果不那么重要和惊人。双方都念同一本《圣经》，向同一个上帝祈祷，每一方都祈求上帝帮助自己反对另一方。有人竟敢要求公正的上帝帮助他们从别人脸上流的汗水中榨取面包，这可能会使人觉得不可思议。不过我们还是不要议论别人，免得被人家议论。双方的祈祷不可能都得到满足，任何一方的祈祷都没有充分满足。

上帝有它自己的旨意。“世界因为罪过而遭殃，那些罪过是不能免的，但那个引起罪过的人是该遭祸的。”如果我们假定美国奴隶制是天意必须发生的那些罪过之一，但他的存在已超过了上帝规定的期限，现在上帝要把它去除，又假定上帝给北部和南部双方带来这场可怕的战争，作为对那些犯下这个罪过的人应得的惩罚，那么，我们能从中看出这种做法和信仰上帝者总是赋予永在的上帝的那些神的属性有任何偏离吗？我们天真地希望并热诚地祈求这场战争的浩劫能迅速地过去。但是，如果上帝的意旨是要让战争继续下去，直到奴隶们用250年来的无偿劳动所积累起来的一切财富都化为灰烬，直到用鞭子抽出来的每一滴血都要用刀砍出来的另一滴血来偿还，那么3000年前人们说过的一句话，我们也还必须重说一遍：“上帝的裁判总是正确和正义的。”

对任何人都不怀恶意，对一切人抱宽容态度，坚持正义，因为上帝使我们懂得正义。让我们继续努力完成我们目前正在进行的事业，把国家的创伤包扎起来，关怀那些担负起战争重担的人，关怀他们的孤儿寡妇——凡是可以在我们中间，在同所有国家的关系方面带来和保持公正持久的和平的一切事情，我们都要去做。

【简析】

在美国历届总统中，林肯堪称是最平易近人的一位。林肯的著作主要是演讲词和书信，均以朴素庄严，观点明确，思想丰富，表达灵活，适应对象并具有特殊的美国风味见称。他的《葛底斯堡演讲》，可谓是演讲中的经典。

1864年，当林肯再度连任总统职位时，美国仍因内战而分裂着。当时战争的结果仍不能确定，而林肯再度当选，成为北方人民决心作战到底，争取最后胜利的一个令人振奋的表现。次年3月4日，林肯在宣誓就职时，发表了以上这篇演讲。

在这篇就职演讲词中，作为胜利方的林肯，力倡民族之间的宽容，希望回避一切过错与惩罚的问题，并明确地表示将致力于战后美国人民将面临的重大课题。演讲辞可谓苦口婆心，语重心长，感人肺腑，发人深思。

7.开业贺喜

在生活中，经常会遇到有一定规模的公司、商场、酒店、宾馆等举行开业庆典。在这种喜庆的仪式上，重要来宾一般都会发表讲话，这种讲话就是开业贺喜演讲。开业贺喜演讲可使开业典礼的气氛更加隆重热烈，还可以通过陈述交流感情，加深主客间的相互理解，共同走向未来。

开业贺喜演讲相对来说比较简明扼要，一般分为四个部分：首先对所开业的单位或个人表示祝贺，其次是阐明开业的意义，包括现实意义和社会意义等，并予以高度评价，然后可以对开业后的发展提出有益的建议和要求，最后以礼节性的言辞予以祝福。

【范例】

大成汽车销售服务公司开业致辞

佚名

女士们、先生们、来宾们，大家好！

非常荣幸出席此次“东风标致成都集大成汽车销售服务有限公司”开业典礼，首先，我谨代表成都高新区党工委、管委会，对东风标致成都集大成汽车销售服务有限公司的隆重开业表示衷心祝贺，向到访成都的东风标致总经理xxx先生一行表示热烈的欢迎和诚挚的问候，向出席今天庆典活动的各位来宾表示热烈的欢迎！

东风标致成都集大成汽车销售有限公司，是高新区去年招商引资引进的新企业，也是经东风标致授权，在西南地区建立的首家销售东风标致轿车的4S专卖店。东风标致成都集大成汽车销售有限公司开业，标志着东风标致“蓝盒子”——“4S专卖店”继进入北京之后，又率先进入西南地区，填补了西南地区的空白。东风标致“蓝盒子”的出现，将对打造高新区机场路汽车产业带，以及西南地区汽车销售、零部件供应、售后服务起到积极的推动作用。

成都高新区作为省、市共建的国家级高新技术产来开发区，是四川省、成都市招商引资、科技创新和产业升级的主战场，我们衷心欢迎各界人士到高新区投资发展。我们在进一步改善投资硬环境的同时，将竭尽全力加强投资软环境建设，全面优化投资服务体系，创造稳定的政策环境、公平统一的市场环境、完善的法律环境、优化的人才环境、高效廉洁的政府服务环境，为进区企业的发展保驾护航。

最后，衷心希望成都集大成汽车销售服务有限公司提升理念，强化管理，诚信服务，争做东风标致在西南地区的旗舰店、领头羊和高新区的模范企业，并祝愿成都集大成汽车销售服务有限公司开业大吉，蓬勃发展，生意兴隆！

谢谢大家！

【简析】

作为政府部门的代表，这篇开业贺喜致辞平易近人的文字，显示出了演讲者不凡的功力。在这篇演讲中，演讲者摒弃了那种长篇大论、官腔十足的陈词滥调。简短的演讲中，表达了对引来“凤凰”的欣喜、欢迎与期盼。同时，也做出了坚实的承诺，给这个新开的企业一颗定心丸。

招商引资历来是地方政府工作中的一个重点。如何让投资落地生根，并且开花结果，是政府相关部门的重要工作。这篇演讲在祝贺的同时，兼顾了企业关心的软硬件问题。

8.生日祝贺

生日祝贺演讲是为亲朋好友或上司、同事过生日时表示庆贺祝福的演讲，它以营造出一种欢快、喜悦的氛围，达到加深理解，建立友谊为目的。

作生日祝贺演讲时，特别注意的是，对不同年龄阶段要进行区分。对儿童主要侧重于祝福其学习进步，健康成长，并表达自己快乐喜悦的心情；对中青年来说，主要祝福其健康快乐，事业有成，并表达自己仰慕、高兴之意；对老年人则侧重于健康长寿、生活幸福方面，赞誉其突出的成就和良好的品格。

【范例】

祝贺奶奶七十大寿

佚名

亲爱的奶奶，您养育子孙的恩典，真是深如东海，重如泰山！

妈妈常对我说，在我很小的时候，经常生病，是您在深夜里打着火把和妈妈一起送我去看医生。寒冬腊月，您将身上的外衣脱下来，包在我身上。

在我十多岁读初中时，我的爸爸妈妈常年在外打工，是您三年如一日地起早帮我做饭，中午往返6里给我送午饭，风雨无阻。岁月的风霜在您的脸上刻下了沧桑，您在劳动时逐渐没有以前那么轻盈，但不管您多么劳累，只要我叫声奶奶，您的脸就会笑成一朵花。

今天是您七十岁的生日。七十年风风雨雨，七十载生活苍桑。您的辛苦并没有白费，在您的教育下，子孙们都已经长大成人，为您赢得了荣光。古人云，“人生七十古来稀”。现在的人因为条件好了，早就是“人生七十不稀奇”！我在此衷心祝愿您健康长寿，像那挺拔的青松，强劲，苍翠！

【简析】

这篇祝寿辞感情真挚，语言朴素易懂，既是一篇优秀的祝寿辞，又是一篇优美的抒情散文。祝寿辞言语规整，感情连贯，表达流畅，在深情中回忆往昔，感人肺腑，在幸福中展望未来，暖人心脾。

9.婚礼致辞

婚礼致辞演讲是指不同人物在新婚庆祝仪式上发表的讲话，一般包括主婚人讲话，同事朋友讲话，亲人讲话和新人讲话。一个良好的婚礼致辞演讲，可以活跃气氛，使婚礼显得隆重、热烈、愉快。

婚礼致辞不是千篇一律的演讲，不同角色、不同身份的人，演讲的内容应有所不同。比如，主婚人讲话一般包含宣布婚礼仪式、介绍新郎新娘等；同事朋友讲话一般是对新人婚礼表示祝贺，对新郎新娘的称赞，介绍他们的趣事等；亲人讲话一般是对各位来宾表示谢意，并希望大家多多关照，尽情娱乐等；新人讲话则是对来宾的光临表示感谢和祝愿，并表明自己喜悦的心情，憧憬未来美好的生活等。

【范例】

家长婚礼致辞

佚名

各位来宾、亲朋好友，大家晚上好！

今天，我怀着无比喜悦的心情，向出席我儿子和儿媳结婚庆典的各位来宾表示万分的感谢和最真诚的敬意。同时，我代表家人及所有来宾，衷心祝福这对新人甜蜜结合，献上我们最真诚的祝愿。

时间如梭般地逝去，感觉昨天还是一个没有长大的孩子，从呱呱落地，就在母亲的哺育和细心照料下成长，此情此景时时在我们眼前回荡。转眼之间，他已踏上自己的人生旅途，开始过上自己新的生活。

我希望你们在以后的岁月里，要创造、培养、磨合、建设、维护你们的婚姻，要互敬互爱，互帮互助，尊敬长辈，事业有成。

我衷心地祝福你们新婚甜蜜，恩恩爱爱，白头偕老，早生贵子。

最后万分感谢各位来宾今晚的光临，并祝愿各位来宾阖家欢乐，万事如意！

谢谢大家！

【简析】

在婚礼上总是少不了让人感动的时刻。中国人喜欢把内心的感动、感触和感谢之情通过语言表达出来，无论是新郎、新娘、父母还是嘉宾，都有很多的感想需要倾诉。现在的婚礼上面必不可少的一个环节，就是婚礼上父母致辞，那么婚礼女方父母致辞怎么说？婚礼男方家长致辞怎么说？婚礼致辞需要注意什么呢？

上面这篇来自新人父母的婚礼祝词，就让我们深深地感到父母的那一片苦心。质朴、感人又充满生活智慧的话语，是父母最真情的流露，字里行间都流露出那种对孩子的爱和不舍。

10.祝酒辞

祝酒辞是在酒席宴会开始前，主人表示热烈欢迎，亲切问候，诚挚感谢，客人进行答谢并表示衷心祝愿的应酬之辞，是招待宾客的一种礼仪形式。祝酒辞内容以增进友谊为主，一般篇幅短小，文辞庄重，热情、得体、大方，是很流行的一种演讲文体。祝酒辞对加深感情、增进了解、巩固宾主双方的友谊可以起到一定的作用。

祝酒辞讲究简约，一般用一两句或一段精彩的语言，把自己最美好的祝愿表示出来，有时也可以引用诗句或名言来表达自己的心意。

【范例】

李肇星外交晚宴祝酒辞

李肇星

各位团长、朋友们：

我代表中国政府，欢迎各位来北京参加六方会谈，祝贺会谈的举行。

钓鱼台曾是中国清朝一位年轻皇帝送给他一位老师的礼物，是一个充满善意和可能给这里的人带来好运气的地方。

身处此地，一种历史感会油然而生。

这座花园目睹过许多重大外交事件。在这里，通过对话，冰山可以消融，敌意可以化解，信任可以培育。钓鱼台历史的最好启迪就是：和平最可贵，通过对话争取和维护和平最可贵。

进入新世纪，各国人民更加渴望和平与发展、友谊与合作，但东北亚地区仍未完全摆脱冷战阴影。

朝鲜半岛核问题的发生，在使我们面临挑战的同时，也为有关各方尽释前嫌，实现东北亚持久和平与稳定提供了机遇。

今天的会谈就是各方求同存异、增进互信和和解的难得契机，值得珍惜。

中国古诗曰："任凭风浪起，稳坐钓鱼台。"这里的钓鱼台泛指世界各国的钓鱼台，也包括我们所在的这个钓鱼台。希望并相信各位同事以自己的远见、智慧、耐心、勇气和对和平事业的诚意寻求共赢。为此我提议，为北京六方会谈成功，为大家在钓鱼台“稳坐”愉快，为和平、健康干杯！

【简析】

2003年8月27日，中国外交部长李肇星在钓鱼台国宾馆举行晚宴，欢迎参加朝核问题北京六方会谈的各国代表。在这个为重要国际会谈而举行的酒会上，李肇星部长当场致上述祝酒辞。这个祝酒辞简洁精炼，意蕴隽永，文采斐然，堪称佳作。

一般来讲，外交场合的讲话，常常体现严谨甚至近乎刻板的语言特点。李肇星这篇祝酒词，却以主人的身份，用充溢中华民族传统文化色彩的话语，娓娓道来，胸襟豁达又不失沉稳。他从钓鱼台的历史谈起，说会谈的场地“是一个充满善意和可能给这里的人带来好运气的地方”。以地映意，充分体现我们的民族文化习俗，并由此很自然地引出这次会谈的宗旨：“和平最可贵，通过对话争取和维护和平最可贵。”

尤其令人击节赞叹的是，李肇星提出“朝鲜半岛核问题的发生，在使我们面临挑战的同时，也为有关方尽释前嫌，实现东北亚持久和平与稳定提供了机遇”。这是充满辩证的理解，可谓意蕴隽永。

这篇祝酒辞语气平易近人，联想巧妙，引喻贴切。李肇星由中国尽人皆知的古诗“任凭风浪起，稳坐钓鱼台”，说到作为东道主的期望，并在结尾提议：“为北京六方会谈成功，为大家在钓鱼台‘稳坐’愉快，为和平、健康干杯。”这里的“稳坐”一语双关，既是对会谈进展顺利的期望，也是对会谈结果的良好祝愿，与上面所提的“增进互信和理解”的会谈基调相呼应。

11.欢迎辞

欢迎辞是在迎接宾客的仪式或集会上，对宾客的到来表示热烈欢迎的一种社交礼仪演讲。欢迎辞讲得好，有利于双方沟通感情，开展工作。

表面上看，欢迎辞似乎只是一些欢迎、感谢之类的客套话，但实际上致欢迎辞时，也不能泛泛而谈，空洞无物，而是要讲明来宾来访的意义，或述说主客双方的融洽关系，或阐明主客双方合作的成果等。

在市场经济深入发展的大背景下，为了提升形象，扩大影响，招商引资，促进发展，近年来各地纷纷举办各种内容和形式、不同规格和规模的节庆活动。按照惯例和程序，在节庆活动开幕式上，常常要由一位东道主方面的要员向来宾致一篇热情洋溢的欢迎辞。所以说，欢迎辞讲得好不好，在整个活动的筹备过程中很重要。

【范例】

×××厂30周年庆欢迎来宾辞

佚名

尊敬的各位领导：

值此×××厂30周年厂庆之际，请允许我代表×××厂，并以我个人的名义，向远道而来的贵宾们表示热烈的欢迎。

朋友们不顾路途遥远，专程前来贺喜并洽谈贸易合作事宜，为我厂30周年庆典增添了一份热烈和祥和，我由衷地感到高兴，并对朋友们为增进双方友好关系作出的努力，表示诚挚的谢意！

今天在座的各位来宾中，有许多是我们的老朋友，我们之间有着良好的合作关系。我厂建厂30年能取得今天的成绩，离不开老朋友们的真诚合作和大力支持。在此，我们表示由衷的钦佩和感谢。同时，我们也为有幸结识来自全国各地的新朋友感到十分高兴。在此，我谨向新朋友们表示热烈欢迎，并希望能与新朋友们密切合作，发展相互间的友好合作关系。

“有朋自远方来，不亦乐乎”。在此新朋老友相会之际，我提议：

为我们之间今后的进一步合作，为我们之间日益增进的友谊，为朋友们的健康幸福，干杯！

【简析】

中国有句古话，“有朋自远方来，不亦乐乎”，这就是说，致欢迎辞要有一种愉快的心情，言词用语务必富有激情，表现出致辞人的真诚，只有这样，才能给客人一种“宾至如归”的感觉，为下一步完满举行各种活动打下好的基础。

这篇欢迎辞极有代表性，欢快的言谈间透露出对贵宾们到来的极大热情，不仅肯定了老朋友的大力支持，也赞赏了新朋友的真诚合作，简洁又充满激情的语言，拉近了主人同来宾的亲切关系。

12.欢送辞

欢送辞是客人应邀参加了活动，主人为表达对客人的欢送之意，在一些会议或重大庆典活动、参观访问等结束时的讲话。欢送辞是一种用于社交的祝词，它充分表现了人际关系间的信任以及相互友谊的美好情感。一篇好的欢送辞，不仅能够使听众受到激励和鼓舞，唤起他们对工作、事业的责任感，而且还能激发其工作的积极性和创造性。

欢迎辞的开头是被送人的称谓，而且要对他们的离别表示热情。正文必须要讲清宾客来访期间从事的工作、意义，同时肯定双方合作的成绩。在欢迎辞的最后，一般再次表示欢送之意，以一些表达希望、祝福的话语来结束收尾。

【范例】

导游欢送辞

各位嘉宾：

我们的旅行车已行驶在去机场的路上。透过车窗可以看见，南京的天空又下起了小雨。1000多年前，唐朝诗人王维有一首著名的诗，叫《渭城曲》，他在诗中写到：

渭城朝雨邑轻尘，客舍青青柳色新。

劝君更尽一怀酒，西出阳关无故人。

今天，南京下起了小雨，我们也在雨中与各位分别。不同的是，王维送的人要西出阳关，没有故人。也许雨还是当年的雨，南京人常说：下雨天留客天。我们南京人的习俗，但凡下雨的时候，是不放客人走的，一者下雨路滑，客人走路不方便；再者下雨无事，正是陪客的好时候。但是由于行程的安排，我们不得不违反南京这一民俗，在此相送。

好花不常开，好景不常在，今日离别后，何日君再来？邓丽君小姐这首《何日君再来》，是我们常常唱起的一首歌。但我相信，我们之间友情的花朵会常开，华东地区的美景永远常在，今日离别后，什么时候你会再来？也许从此之后，我们不会再相见。

在大家这次华东黄金之旅的最后时刻，我想说：这一趟旅行大家都非常辛苦，但最辛苦的人却是我们的领队小姐。她一路照顾大家的饮食起居，心系大家安全，力求大家快乐，同时给我的工作以极大的支持。有位伟人这样说：服务人类是最崇高的职业。我和领队小姐同做导游工作的不同层面，更能体会这种工作的艰辛，因此，在这里，我要表达一个导游对领队真诚的谢意和崇高的敬意，请大家给我们领队小姐一点掌声。谢谢！

我还不得不谢谢一个人，就是我们的 X 师傅，X 师傅用他高度的责任心和高超的车技，给我们提供了一次安全的旅行，也请大家给我们亲爱的 X 师傅一点掌声。谢谢！

好了，各位贵宾，我们的旅行车马上到达我们行程的终点——南京禄口机场。几天前我们在这里开始起程，今天大家终于回到了起点，我们 X 天的行程马上就要结束了。有一首诗大家不会陌生：轻轻地我走了，正如我轻轻地来，挥一挥衣袖，不带走一片云彩。天下之大，没有不散的宴席。短暂的相逢就要结束，挥挥手就要和大家告别。值此分别时，（稍微停顿）首先我要代表 XX 旅行社，感谢大家几天以来对我工作的关心、支持与配合，并对行程中不尽人意的地方表示深深的歉意。（鞠躬）

各位到了机场后，即将乘坐飞机，回到自己温暖的家，再祝大家一路平安、旅途愉快。（鞠躬）

欢迎大家再来华东！谢谢大家！再见！（鞠躬）

【简析】

这篇导游欢送游客的欢送辞，通过对过去几天行程的美好回忆，表达了导游对游客的难舍之情和美好祝福。同时，在这篇欢送辞中，导游运用了古诗人和当代诗人的诗句，以及当地俗语、流行歌曲，恰到好处地增强了欢送的气氛，使演讲情感真挚，温情动人，让人产生依依不舍之情。

13.答谢演讲

答谢演讲，是在特定的公共礼仪场合，主人致欢迎辞或欢送辞后，客人所发表的对主人的热情接待和关照表示谢意的讲话。答谢辞也指客人在举行必要的答谢活动中所发表的感谢主人盛情款待的讲话。

自古以来，人们就提倡“礼尚往来”、“知恩报德”、“来而无往非礼也”，于是在人际交往中便有了“谢”的言行：或揖拳，或鞠躬，或以言辞道谢，或以纸笔作书（写成谢函、谢帖、感谢信）。在庄重的礼仪场合，那便是温文尔雅地致“答谢辞”了。

与欢迎辞相对应，答谢演讲是由宾客出面发表的对主人的热情接待表示感谢的讲话。作答谢辞有以下几点要求。

一是在礼仪场合，必要的客套话是不能省略的，比如“感谢”、“致敬”之类热情洋溢、充满真情的词语。

二是在异地作客时，要了解当地的民情风俗，尊重对方的习惯。

三是要注意照应欢迎辞。主人已经致辞在前，作为客人不能“充耳不闻”。因此答谢辞要注意与欢迎辞的某些内容照应，以显示出对主人的尊重。

四是篇幅力求简短，不宜冗长拖沓，以免令人生厌。

【范例】

天天面对永恒

海明威

尊敬的与会来宾，你们好！

我不善辞令，缺乏演说的才能，只想感谢阿弗雷德·诺贝尔评奖委员会的委员们慷慨授予我这项奖金。

没有一个作家，当他知道在他以前不少伟大的作家并没有获得此项奖金的时候，能够心安理得而不感到受之有愧。这里无须一一列举这些作家的名字。在座的每个人，都可以根据他的学识和良心提出自己的名单来。

要求我们的大使在这儿宣读一篇演说，把一个作家心中所感受到的一些都说尽是不可能的。一个人作品中的一些东西可能不会马上被人理解，在这点上，他有时是幸运的，但是他们终究会十分清晰起来，根据它们以及作家所具有的点石成金本领的大小，他将青史留名或被人遗忘。

写作，在最成功的时候，是一种孤寂的生涯。作家组织固然可以排遣他们的孤独，但是我怀疑它们未必能够促进作家的创作。一个稠人广众之中成长起来的作家，自然可以免除孤苦寂寥之虑，但他的作品往往流于平庸。而一个在岑寂中孤独工作的作家，假若他确实不同反响，就必须天天面对永恒的东西，或者面对缺乏永恒的状况。

对于一个真正的作家来说，每一本书都应该成为他继续探索那些尚未到达的领域的一个新起点。他应该永远尝试去做那些从来没有人做过或者他人没有做成的事。这样他就有幸获得成功。

如果已经写好的作品，仅仅换一种方法又可以重新写出来，那么文学创作就显得太轻而易举了。我们的前辈大师们留下了伟大的业绩。正因为如此，一个普通作家常常被他们逼人的光辉驱赶到远离他可能到达的地方，陷入孤立无援的境地。

作为一个作家，我讲得已经太多了。作家应当把自己要说的话写出来，而不是讲出来。再一次谢谢大家了。

【简析】

海明威（1899–1961），美国著名小说家，1954年诺贝尔文学奖获得者。他在1923年开始他的文学创作，两年后发表了他的代表作《老人与海》并一举成名。1954年，海明威因《老人与海》获得诺贝尔文学奖。他没有亲临颁奖现场，但撰写了这篇名为《天天面对永恒》的答谢辞，由美国驻瑞典大使代为宣读。

《吕氏童蒙训》有云："文章无警策，则不足以传世，盖不能竦动世人。"海明威的这篇短短答谢辞，可以看作是他向世界发表的一种文学主张，其中有一些话说得十分警策，足以竦动人心。这既真实表明了作家写作之艰辛，又使人们看到了海明威一生可贵的追求。

总的看来，这篇演说辞有三个突出的特色。

首先，通俗易懂，内涵丰富。作为一名大文学家，玩弄辞藻是他们的特长。我们可以听到不少诺贝尔文学奖获得者晦涩怪僻的答谢辞，海明威却用他简练的文笔，通俗易懂的语句，向听众朋友讲述自己的真实感受。光通俗易懂没什么，尽拣大白话说就行了。不过海明威说得虽然通俗易懂，但表达的思想内涵却又极其丰富。短短的演讲辞，把自己对文学的理解与感受表达得淋漓尽致。

其次，谦虚谨慎，言辞恳切。我们在前面说过，在演讲的开场白与结束语中不要过于谦虚。但在盛大的颁奖答谢上，适当的自贬式的谦虚是一种美德，也是一种必须。我们前面说到的不要谦虚，主要原因是为了不给听众以“演讲不精彩”的负面暗示，以便展示自己的自信。但对于领奖之类——特别是领取著名大奖时，答谢辞谦卑一点不会损害自己自信的形象，也不会给听众带来负面暗示。就像海明威所说的，“没有一个作家，当他知道在他以前，不少伟大的作家并没有获得此项奖金的时候，能够心安理得而不感到受之有愧”，这种在前辈面前的谦虚谨慎，来得丝毫不造作。

再者，感情真挚，诙谐风趣。在演讲辞中，海明威谈到了他的创作感受：“一个稠人广众之中成长起来的作家，自然可以免除孤苦寂寥之虑，但他的作品往往流于平庸。而一个在岑寂中孤独工作的作家，假若他确实不同反响，就必须天天面对永恒的东西，或者面对缺乏永恒的状况”。这说明作者在他的文学创作历程中，是孤苦的，寂寥的，艰难的。这样的落寞疾苦之言，真挚感情之语，一下子就把听众的情绪再次调动起来，并深深地打动了他们。

结尾处，海明威利用诙谐风趣的语言，说他讲得已经太多了，让听众忍俊不禁。更加高明的是，他不是为幽默而幽默，紧接着联系自己作家的身份，明确提出了自己的主张和观点：“作家应当把自己要说的话写出来，而不是讲出来”。寥寥数语，让人回味无穷。

14.告别演讲

告别演讲是由演讲者离开一个单位、一个集体或朋友时叙述情谊，表示告别而发表的演讲。一个好的告别演讲，传达的不仅是难舍难分的离别情绪，更应是对人生的赞美，唤起对新生活的憧憬。告别演讲闪耀的是不断进取的光辉，涌动的是感人心灵、鼓舞斗志的力量。

【范例】

临别演说

蒙哥马利

我不得不遗憾地告诉你们，我离开第八集团军的时刻来到了。我受命去指挥在英国的英国军队。他们将在最高统帅艾森豪威尔的领导下作战。

我实在很难把离别之情适当地向你们表达出来。我就要离开曾经和我一起战斗的战友。在艰苦作战与赢得胜利的岁月中，你们忠于职守的勇敢与献身精神，永远令我钦佩。我觉得，在这支伟大的军队中，我有许多朋友。我不知道你们是否会想念我，但我对你们的思念，特别是回忆起那些个人的接触，以及路上相遇时愉快致意的光景，实非言语所能表达。

我们共同作战，从未失败过。我们共同所做的每件事，总是成功的。

我知道，这是由于每个官兵忠于职守、全心全意合作的结果，而不是我一人之力所能做到的。

正因为这样，你们和我彼此建立了信任。司令官与他的部队之间的相互信任是无价之宝。

与沙漠空军部队告别，我也依依不舍。在第八集团军整个胜利作战的过程中，这支出色的空中打击力量一直同我们并肩作战。第八集团军的每名士兵引以为荣地承认，这支强有力的空军支援是取得胜利的极其重要的因素。对于盟国空军，尤其是对于沙漠空军的大力支援，我们将永志不忘。

临别依依，我要向你们说些什么呢?

我激动得说不出话，但我还是同你们说：

第八集团军之有今天，是你们的功劳，是你们，使得它在全世界家喻户晓。因此，你们一定要维护它的良好名声和它的传统。

请你们以对我一贯的忠诚和献身精神同样地对待我的接任者。

再见吧！

希望不久又再见面，希望在这次大战的最后阶段，会再次并肩作战。

【简析】

蒙哥马利是英国陆军元帅、战略家、军事家，第二次世界大战中盟军杰出的指挥官之一。著名的阿莱曼战役、诺曼底登陆，为其军事生涯的两大杰作。

1942年7月，在北非沙漠中的英国第八集团军，被“沙漠之狐”隆美尔的德国非洲军团击败，退守埃及境内的阿莱曼地区。在英军濒临崩溃之际，1942 年 8 月，蒙哥马利正式接管英国第八集团军，临危受命接任司令。同年 10 月至 11 月间，蒙哥马利组织向德军发动了阿莱曼战役，一举击溃隆美尔德国非洲军团，扭转了北非战局。接着又挥师乘胜追击，率领第八集团军与盟军配合，于 1943 年 5 月在突尼斯全歼北非残敌。蒙哥马利由此声誉大振，被人们称为捕捉“沙漠之狐”的猎手。阿莱曼战役后，蒙哥马利受封为爵士，并因功被提升为陆军上将，同时被授予巴斯骑士勋章。

1943 年 12 月 24 日，英国陆军部命令他回国接替佩吉特，指挥第二十一集团军，以开辟第二战场。与第八集团军的士兵们告别是依依不舍的，可更难的是与第八集团军司令部的官兵们告别，他们中有很多人与他并肩经受了漫长的生死考验。12 月 30 日，蒙哥马利的告别会在瓦斯托城举行，他对与会的司令部官兵们发表了以上临别演说。

蒙哥马利的临别演讲，即有缠绵的离别之情，又不失军人硬朗的作风。一开篇，他就直截了当地宣布：自己不得不离开这里。接着，他深情诉说了自己对第八集团军的感情，并对各位官兵的付出表示了感谢。

尽管蒙哥马利伤感而又激动，但他并没有任由感情发飙。在他的演讲中，他的思维恰到好处地游走于感性与理性之间。就是到了快要结束时，他也没有忘记拜托战友们像对待自己一样对待接任者。

在说完“再见”之后，蒙哥马利又“画蛇添足”地补充了一句。这种貌似多余的话，就像恋人说了再见之后的叮咛与诺言，纯粹是来自于蒙哥马利依依不舍的真情流露，给演说划下了完美的句点。

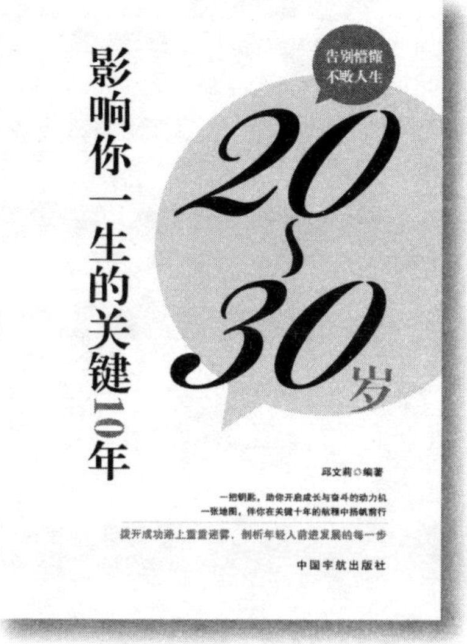

20~30 岁，影响你一生的关键十年
邱文莉 编著
2014 年 1 月
定价：28.00 元
978-7-5159-0500-6

幸福婚姻的 26 个字母
菲然 著
2013 年 4 月
定价：28.00 元
978-7-5159-0405-4

犹太人传世密语
凌山 编著
2013 年 4 月
定价：25.00 元
978-7-5159-0404-7

这个世界并没有亏待你
菲然 编著
2013 年 4 月
定价：25.00 元
978-7-5159-0403-0